日本全国
211駅
掲載

駅鉄マニア御用達！
今しか撮れない!?

撮影ガイドつき

西崎さいき 著・写真

廃駅
廃駅危惧駅
&

秀和システム

Contents

第1章 | 廃線&廃駅危惧駅の楽しみ方

第2章 | 廃止が危惧される路線・駅

第3章　最近廃止された路線・駅

まえがき

　国鉄末期に始まったローカル線の廃止ラッシュ。昭和58（1983）年10月の白糠線に始まり、平成2（1990）年4月の宮津線・鍛冶屋線・大社線に至るまで、83線が廃止またはほかの鉄道会社に転換した。

　国鉄時代は廃止されてもしばらくは駅舎や駅名標が残っている場合が多く、数年後に訪れても遺構をたどることが比較的容易だった。

　しかし最近では、廃止されると即日に駅名看板は外され、駅舎には立ち入り禁止、駅名標も外され、ホームにも立ち入り禁止となる場合が多い。再開発されるスピードも速く、あっという間に駅跡の痕跡が失われてしまうことも多い。廃止が発表されたらなるべく早く訪れて、記録に残しておかなければならない。

　筆者は、国鉄末期から廃止予定路線の駅を巡ってきた。白糠線や相生線など、北海道の一部の路線に行くことは叶わなかったが、全国のほとんどの廃止路線の駅に行くことができた。

　といっても、あまりの廃止路線の多さにすべてを現役当時に行けたわけではなく、廃止後しばらく経ってから行った駅もある。しかし現地に行ったら駅舎もホームも無かったということに何度も遭遇し、廃止が発表されたらなるべく早く行かなければということを痛感した。

　筑肥線・東唐津駅や小松島線・小松島駅などは、まさかこんなに大きくて立派な駅は廃止されても残るだろうと思っていたのだが、跡形もなくなってしまったのは本当にショックだった。

筑肥線・東唐津駅

小松島線・小松島駅

　このように駅が廃止されるとその多くは跡形もなくなってしまう。ぜひ現役のうちに記録に残しておいてもらいたい。どの駅が廃止になるのか、本書が情報収集の一助になれば幸いである。

　廃止後の駅跡に行くのも、駅が廃止されるとどうなるのかを知るのに重要だ。ルールを守った上でどんどん行ってほしい。

　そして、ネットを生かして情報をどんどん発信してほしい。筆者も大いに参考にさせていただきたいと思う。

　　　　　　　　　　西崎さいき

廃線&廃駅危惧駅の楽しみ方

どのような路線が廃止されるのか

路線廃止の目安は

　ローカル線の廃止の目安は輸送密度が2,000〜4,000人の区間である。これは国鉄再建法で「輸送密度4,000人未満はバス輸送が効率的であるとする」という基準が採用されたことに起因する。

　とくに輸送密度2,000人未満の区間では、大量輸送が鉄道の特性であるはずが、バスで代替できる輸送量しかないのであれば、莫大な経費を要する鉄道をやめてバスに転換しようというのは当然の考え方である。

　また、2,000人以上の区間でも赤字額が大きい場合は上下分離またはバス転換を検討しよう、という意見もある。

過去にどういう路線が廃止になったのか

赤字83線

　昭和43（1968）年9月に国鉄諮問委員会が提出した意見書により、「使命を終えた」として廃止およびバス転換を促された国鉄のローカル線、もしくはその廃止の取り組みをいう。

　その基準は以下のとおりである。

- 営業キロが100km以下で、鉄道網全体から見た機能が低く、沿線人口が少ない。
- 定期客の片道輸送量が3,000人以内、貨物の1日発着600t以内。
- 輸送量の伸びが競合輸送機関を下回り、旅客・貨物とも減少している。

　これにより、83線が選定されたが、各地で反対運動が起こったため、実際に廃止されたのは12線にとどまった。

　昭和47（1972）年に内閣総理大臣に就任

「赤字83線」により廃止された路線（旅客線のみ）

路線名	区間	延長	廃止年月日
幸袋線	小竹〜二瀬	7.6km	1969.12.8
根北線	斜里〜越川	12.8km	1970.12.1
唐津線	山本〜岸嶽	4.1km	1971.8.20
世知原線	肥前吉井〜世知原	6.7km	1971.12.26
臼ノ浦線	佐々〜臼ノ浦	3.8km	1971.12.26
鍛冶屋原線	板野〜鍛冶屋原	6.9km	1972.1.16
篠山線	篠山口〜福住	17.6km	1972.3.1
三国線	金津〜芦原	4.5km	1972.3.1
宇品線	広島〜上大河	2.4km	1972.4.1
川俣線	松川〜岩代川俣	12.2km	1972.5.14
札沼線	新十津川〜石狩沼田	34.9km	1972.6.19
細島線	日向市〜細島	3.5km	1972.2.1

した田中角栄が、赤字路線廃止の方針を打ち出し、赤字83線の廃止は打ち切りとなった。

特定地方交通線

　国鉄末期に「日本国有鉄道経営再建促進特別措置法」に基づき、国鉄の路線は幹線と地方交通線に分類された。

　昭和56（1981）年4月、国鉄は175線を地方交通線に選定した。そのうち旅客輸送密度4,000人未満の路線を特定地方交通線に指定し廃止対象とした。

　さらにそれらを業績の悪いものから第1次・第2次・第3次に分類した。第1次廃止対象路線では40路線が、第2次廃止対象路線では31路線が、第3次廃止対象路線では12路線が廃止またはほかの鉄道会社に転換された。岩泉線と名松線は第2次廃止対象路線に選定されていたが、代替道路の不備を理由に廃止を免れた。（岩泉線は災害により平成26（2014）年4月に廃止された）。

輸送密度の低下

輸送密度とは、旅客営業キロ1kmあたりの1日平均旅客輸送人員のことをいう。一般的に輸送密度1,500人／日が採算ラインといわれ、幹線の数値は数万人／日以上となっている。

JR東海を除くJR各社は令和4（2022）年11月10日までに令和3（2021）年の各線区の輸送密度を公表した。そのうち、輸送密度1,000人／日以下の線区は以下のとおり

である。この表の線区はいずれも廃止される可能性があるということだ。

輸送密度12人／日区間の只見線・会津越川駅

2021年度　輸送密度（1,000人未満・JR東海を除くJR全線）

路線名	区間	輸送密度	路線名	区間	輸送密度	路線名	区間	輸送密度
只見線	会津川口～只見	12	山田線	盛岡～上米内	219	花輪線	鹿角花輪～大館	486
芸備線	東城～備後落合	13	木次線	宍道～出雲横田	220	大船渡線	一ノ関～気仙沼	545
木次線	出雲横田～備後落合	35	山陰線	益田～長門市	223	大糸線	信濃大町～白馬	550
陸羽東線	鳴子温泉～最上	44	米坂線	今泉～小国	226	津軽線	青森～中小国	556
根室線	富良野～新得	50	奥羽線	新庄～湯沢	229	石北線	新旭川～上川	567
久留里線	久留里～上総亀山	55	釧網線	東釧路～網走	245	山陰線	城崎温泉～浜坂	606
大糸線	南小谷～糸魚川	55	吾妻線	長野原草津口～大前	255	米坂線	米沢～今泉	621
花輪線	荒屋新町～鹿角花輪	58	予讃線	向井原～伊予大洲	274	越後線	柏崎～吉田	637
山田線	上米内～宮古	61	山陰線	長門市～小串、長門市～仙崎	292	釜石線	花巻～遠野	644
飯山線	戸狩野沢温泉～津南	63	越美北線	越前花堂～九頭竜湖	295	姫新線	津山～中国勝山	649
芸備線	備後落合～備後庄原	66	大湊線	野辺地～大湊	297	陸羽東線	古川～鳴子温泉	665
北上線	ほっとゆだ～横手	67	小海線	小淵沢～小海	300	水郡線	常陸大宮～常陸大子	670
只見線	只見～小出	69	室蘭線	沼ノ端～岩見沢	300	上越線	水上～越後湯沢	672
磐越西線	野沢～津川	80	陸羽東線	最上～新庄	306	羽越線	酒田～羽後本荘	680
芸備線	備中神代～東城	80	芸備線	備後庄原～三次	312	上越線	越後湯沢～ガーラ湯沢	728
留萌線	深川～留萌	90	北上線	北上～ほっとゆだ	314	紀勢線	新宮～白浜	731
津軽線	中小国～三厩	98	山口線	津和野～益田	317	山陰線	浜坂～鳥取	738
米坂線	小国～坂町	124	八戸線	鮫～久慈	318	奥羽線	大館～弘前	742
只見線	会津坂下～会津川口	124	釜石線	遠野～釜石	339	山陰線	出雲市～益田	746
因美線	東津山～智頭	131	函館線	長万部～小樽	340	左沢線	寒河江～左沢	761
大糸線	白馬～南小谷	136	飯山線	津南～越後川口	342	関西線	亀山～加茂	766
姫新線	中国勝山～新見	136	小野田線	小野田～居能など	346	姫新線	播磨新宮～上月	774
水郡線	常陸大子～磐城塙	139	花輪線	好摩～荒屋新町	348	五能線	東能代～能代	776
福塩線	府中～塩町	144	中央線	辰野～塩尻	350	小浜線	敦賀～東舞鶴	779
牟岐線	牟岐～阿波海南	146	姫新線	上月～津山	358	土讃線	須崎～窪川	786
気仙沼線	前谷地～気仙沼	174	美祢線	厚狭～長門市	366	根室線	帯広～釧路	798
宗谷線	名寄～稚内	174	日高線	苫小牧～鵡川	387	水郡線	磐城塙～安積永盛	819
根室線	釧路～根室	174	弥彦線	弥彦～吉田	388	日豊線	都城～国分	830
五能線	能代～深浦	180	五能線	深浦～五所川原	389	宗谷線	旭川～名寄	845
筑肥線	唐津～伊万里	184	山口線	宮野～津和野	400	羽越線	村上～鶴岡	853
陸羽西線	新庄～余目	192	磐越西線	喜多方～野沢	402	宮崎空港線	田吉～宮崎空港	890
予土線	北宇和島～若井	195	飯山線	飯山～戸狩野沢温泉	406	小海線	小海～中込	892
磐越東線	いわき～小野新町	200	磐越西線	津川～五泉	413	芸備線	三次～下深川	915
根室線	滝川～富良野	201	石北線	上川～網走	420	播但線	和田山～寺前	924
大船渡線	気仙沼～盛	202	牟岐線	阿南～牟岐	423	富良野線	富良野～旭川	960
気仙沼線	前谷地～柳津	206	日豊線	佐伯～延岡	431	石巻線	小牛田～女川	974
加古川線	西脇市～谷川	207				只見線	会津若松～会津坂下	978

貨物の減少

鉄道は人だけを運ぶわけではない。貨物輸送も鉄道の担う重要な使命である。国鉄時代は全国のほとんどの路線で貨物列車が運行され、ローカル線の大きな収入源になっていたところも少なくない。

とくに石炭と木材の輸送は全国的に行われていたが、石炭は資源の枯渇、木材はトラック輸送や外国産材へのシフトで国鉄末期には輸送量を大きく減らした。同時期に全国に登場した貨車駅舎は、このときに余剰となった貨車を利用したものだ。

とくに北海道と九州では、そのために人口の流出も招き、結果的に多くの路線が廃止に追い込まれている。

例えば、神岡鉄道（もと国鉄神岡線）では、神岡鉱山からの硫酸の輸送が鉄道を支えていたが、トラック輸送に切り替わったため収入が激減し平成18（2006）年12月にあえなく廃止となった。

また、ふだん表に出ない貨物線では、人知れず廃止になった路線が山ほどあることも知っておきたい。

貨車駅舎となった紀勢本線・河曲駅（1987年）

高砂港貨物駅　ほとんど話題にならず1984年に廃止された

災害による廃止

不幸にも災害により廃止されるケースもある。災害大国と呼ばれる日本では、毎年のように地震や台風で鉄道が不通になる被害が起こっている。利用客が多い区間なら速やかに復旧が行われるのだが、赤字区間であれば復旧にも協議が行われる。復旧費用が多額となればそのまま廃止になるという事態も発生している。

災害は突然起こるものであるため予期せず駅が廃止されることになり記録に残せない場合があるのは如何ともしがたい。

災害により廃止または廃駅が危惧される主な区間は以下のとおり。

災害により廃止・移設または廃駅が危惧される主な区間

路線名	廃止・移設区間	廃止・休止年月日	理由
柚木線	左石－柚木	1967.9.1	「昭和42年7月豪雨」による水害による
岩泉線	茂市－岩泉	2014.4.1	2010年7月31日に発生した土砂崩れによる脱線事故のため
常磐線	駒ケ嶺－浜吉田	2011.3.11	東日本大震災による津波被害により内陸に移設
仙石線	陸前大塚－陸前小野	2011.3.11	東日本大震災による津波被害により内陸に移設
気仙沼線	柳津－気仙沼	2011.3.11	東日本大震災による津波被害によりBRTに転換
大船渡線	気仙沼－盛	2011.3.11	東日本大震災による津波被害によりBRTに転換
根室本線	東鹿越－新得	2016.8.31	北海道に上陸した台風10号による豪雨被害で運行休止
日田彦山線	添田－夜明	2017.7.5	九州北部豪雨により運行休止。2023年夏にBRTで復旧予定
肥薩線	八代－吉松	2020.7.4	2020年7月豪雨により橋梁や路盤が流失。復旧検討中
日高本線	鵡川－様似	2021.4.1	2015年1月に発生した高波で線路が被災

どのような駅が廃止されるのか

利用客減少

　廃止が危惧されるローカル線を訪れてみれば分かるが沿線には結構な住民がいる。にもかかわらず駅の利用者が減るのは住人のマイカー依存度が高いことが考えられる。

　ただし北海道などでは、明らかに沿線住民が少ないという駅も多い。

　利用客が0人ならその駅は存在意義がなく廃止されることになる。しかし利用客が1人でもいる場合は簡単に廃止できない。平成2（1990）年に深名線の雨煙別という利用客僅少の駅が廃止されたとき、1人の高齢者が病院に通えなくなったことが分かり、JRはしばらくの間その老人を病院まで車で送迎したという。それ以降、駅の廃止には慎重になり、1人でも利用客がいる場合は廃止しない、という方針になった。

　しかし、ホームだけのシンプルな駅でも年間の維持費は数百万円程度かかるという。これでは鉄道会社としては1日の利用客が数人という駅でも廃止したいと気持ちも理解できる。

　もちろん勝手に廃止するわけにはいかないので、いまでは各自治体に廃止容認の要請をし、合意が得られた場合にのみ廃止するという流れになっている。

　駅を存続させるには、地元の住民が意識して鉄道を利用することが最良の策なのだが、人口の希薄な地域ではそうもいかない。また、地元自治体が維持費を負担してくれれば駅は存続できるのだが、これもなかなか難しいようだ。

宗谷本線の利用状況

　利用者が顕著に減った路線として宗谷本線が挙げられる。国鉄だった昭和56（1981）年と令和元（2019）年を比べると利用客は軒並み5分の1から10分の1になっている。

この数値は何も宗谷本線に限ったことではなく、全国のローカル線についても同様の数値になっている。

　残念ながらこの状況はこれから先も続くだろう。廃止されるかどうかに関わらず、なるべく多く記録に残しておきたいものである。

乗車客数の推移

	S56	H04	R01		S56	H04	R01		S56	H04	R01
名　寄	1564	1035	353	咲　来	47	7	0.2	上幌延	15	2	0.2
日　進	－	1	0.0	音威子府	182	189	19.8	幌　延	271	149	26.2
智　東	3	0	【廃止】	筬　島	17	1	0.0	南下沼	－	0	【廃止】
北　星	－	0	0.2	佐　久	41	9	1.2	下　沼	14	3	0.4
智恵文	78	12	3.8	天塩中川	173	87	11.8	豊　富	267	136	49.4
智　北	－	1	2.0	下中川	－	0	【廃止】	徳　満	26	3	1.2
南美深	－	13	0.4	歌　内	16	5	0.2	芦　川	5	0	【廃止】
美　深	489	253	66.4	問寒別	74	30	1.2	兜　沼	81	17	1.8
初　野	－	92	3.2	糠　南	－	0	0.0	勇　知	56	22	4.0
紋穂内	33	2	1.6	上雄信内	－	0	【廃止】	抜　海	35	11	1.8
恩根内	58	12	0.8	雄信内	44	8	0.0	南稚内	415	215	67.8
豊清水	14	15	0.4	安　牛	13	2	0.0	稚　内	592	237	105.4
天塩川温泉	－	7	0.2	南幌延	－	1	0.0				

線路移設・移転

高架化や線路改良により線路が移設し駅が移転・廃止になる場合もある。計画が発表されたらなるべく早く写真に記録しておこう。

なった。新幹線開業や高架化時には駅の移転が行われる可能性があるので要注意だ。

線路移設により廃止・移転した駅（例）

駅名	路線名	理由
滝里	根室本線	ダム建設により廃止
川原湯温泉	吾妻線	ダム建設により移転
川路	飯田線	土地改良により移転
東金沢	北陸本線	新幹線建設により移転
桜島	桜島線	USJ建設により移転
JR難波	関西本線	地下化により移転
武田尾	福知山線	線路改良により移転
大篠津	境線	米子空港滑走路延長により移転
八田原	福塩線	ダム建設により廃止

奥羽本線・蟹沢駅や釜石線・矢沢駅は新幹線の開業によりそれぞれ数百メートル移転し「さくらんぼ東根」「新花巻」となった。最近では「東風連」が移転し「名寄高校」と

境線・大篠津駅。移転し「米子空港」に改称した。現在、この場所は米子空港の滑走路の一部になっている

飯田線・川路駅。水害が多かったため新線に移転した。現在、この場所は天竜川の河川敷になっている

廃止の前兆

冬季通過や全列車通過、停車列車が1日1本などになった駅は、廃止まで秒読み段階に入ったといえるだろう。いままでの例からみても前兆が現れてからおおむね数年内に廃止になっている。

現状では猪苗代湖畔駅・津軽湯の沢駅・細岡駅・板谷駅・大沢駅が廃止の可能性が高いと思われる。

石勝線・楓駅。晩年は1日1往復。日曜が運休になった時点で廃止を予感させた

廃止の前兆があった駅（例）

駅・路線名	前兆	廃止日
天幕・中越・奥白滝	1986.11より1日1往復	2001.7.1廃止または信号場に
楓	2001.7.より1日1往復・日曜運休	2004.3.13信号場に
智東	1987より冬季通過	2006.3.18廃止
張碓	1990より夏季のみ営業、1998.7.より全列車通過	2006.3.18廃止
ヤナバスキー場前	2016より全列車通過	2019.3.16廃止
札沼線	2016.3.より浦臼〜新十津川間の運転本数が1往復に	2020.5.7廃止
赤岩	2012.12より冬季通過→2017.3.4より全列車通過	2021.3.12廃止
平石・矢美津	2016.12.1より冬季通過	2022.3.12廃止
池の浦シーサイド	2018より全列車通過	2020.3.14廃止

廃止の前兆がある駅（例）

駅名	前兆	現状
猪苗代湖畔	2007より全列車通過	休止中
津軽湯の沢	2018.12より冬季通過	冬季外は営業
細岡	2023年度より冬季通過	冬季外は営業
板谷・大沢	2023.1より冬季通過	冬季外は営業

近年、なぜ廃駅＆廃駅危惧駅が増えているのか

国鉄時代はどんなローカル駅でも1日100人程度の利用客がいたものだが、現在では1日の利用客が1桁なんて駅も珍しくない。

なぜこんなに少なくなってしまったのだろうか。

それは、前述したようにマイカー依存が主たる原因だろう。好きなところに好きな時間に行くことができるという、こんな便利なものはなく、それに依存してしまうことはしかたがない。道路の整備が進んだこともマイカー依存に拍車をかけている。かつては「鉄道は雪に強い」といわれてきたが、ローカル線沿線においては道路の整備により除雪が容易になったことで、冬道で車も安全に走行できるようになっている。「鉄道は雪に強い」というのもすでに過去の話なのだ。

もうひとつの原因として、鉄道はコストがかかりすぎることが挙げられる。無人駅でもホームは設置しなければならないし、時刻表や料金表も必須だ。踏切やレールは頻繁にメンテナンスが必要なことからも、バスに比べてコストがかかるのは明らかだ。

鉄道会社も、人員削減や駅舎の簡素化、待合室や跨線橋の撤去などできる限りのコストダウンを行っているが、利用客減少による減収がそれに追いついていないのが実情だ。

では、鉄道を存続させるにはどうすればいいのだろうか。

何も路線を黒字にまでする必要はなく、各駅10人程度の利用があればいいのである。もし赤字だけを理由に鉄道が廃止されるなら、全国の路線のほとんどが廃止されることになってしまう。しかし、現状ではそれはありえない。

これも前述したが、北海道の一部を除き、決して沿線住民が少ないのではなく、沿線住民が鉄道を必要としていないのだ。

しかしそれなのに、鉄道が廃止されると聞くと住民が「廃止反対」と騒ぐのはなぜなのだろう。

廃止説明会なるものが開かれると、どこでもだいたい数十人が集まるが、出る意見のほとんどは「廃止反対、でも金は出さない」である。

「通学生が」「交通弱者が」というのが廃

国鉄当時の飛騨金山駅のにぎわい。駅弁も売っていた　　京都丹後鉄道・喜多駅。住宅は多いが利用客はほぼ0人

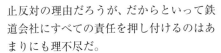

美幸線最終日に集まる地元住民（宗谷本線・美深駅）

羽幌線・小平駅跡。廃止から半年で駅舎は解体された

止反対の理由だろうが、だからといって鉄道会社にすべての責任を押し付けるのはあまりにも理不尽だ。

廃止したくなければ、鉄道を利用する、もしくは費用を出せばよいのである。説明会に数十人集まるのなら、そのうちの1割でも鉄道を利用すればよい。地元の住民が乗らなければ鉄道を存続する意味がない。乗れば存続、乗らないのなら廃止。単純な話である。

「通学生」「交通弱者」についてだが、筆者は日高本線の代行バスに数本乗ったが、どの便も利用者は数人しかいなかった。バス1台で足りる利用者数なら、自治体負担でバスを走らせればよい。通学時間帯は運びきれないというかもしれないが、それは自治体で考えなさいといいたい。実際に近くに鉄道のない高校はいくらでもあるだろ

う。そういったところはどうしているのか、そのくらいの調査はしてもらいたいものである。

「住民がいない」となれば、これはもう「アイデアを出す」しかない。廃止の危機に瀕していた「和歌山電鐵」「甘木鉄道」「平成筑豊鉄道」などは、沿線住民の乗車運動やイベントなど集客のアイデアを出し実行することで業績が好転している。沿線の魅力をどう全国にアピールするか、それは沿線自治体の手腕にかかっている。

廃止を受け入れるのもいいだろう。実際に鉄道の跡地を再開発してにぎわっているところもある。しかし本当にこのまま鉄道が廃止されてもいいのか。地元自治体・住民は理想論ばかりを掲げるのではなく、現実に向き合い、真剣に鉄道存続の是非を判断してほしい。

日高本線　代行バス

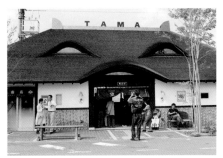

利用客でにぎわう和歌山電鐵・貴志駅

駅舎写真は普通の鉄道写真と違い、記録写真的意味合いが強いので、変に気取らず基本はしっかり押さえよう。

駅舎撮影の基本
- 駅舎全体が入るように
- 駅名が分かるように
- 駅入口が分かるように

- 橋上駅や地下駅など出入口が複数ある場合はすべて撮る
- 昼間の撮影がのぞましい

できれば押さえておきたい
以下は、改築や改修で変わったり失われることが多いものである。

・窓口　　　　　・改札

・ホーム側から見た駅舎　・ホーム構成

・跨線橋　　　　・ホームの待合室

・駅名標　　・名所案内　　・柱の駅名標

その他
ほかにもさまざまなアイテムがある。いずれも変えられたり撤去されたりすることがよくあるのでできれば押さえておこう。

・駅名板　　　　　　・財産標

・駅前広場　　　　・モニュメント

・植栽　　　　　　・駅前庭園

・別棟トイレ　　　・駅前風景

基本の撮影ができたら、あとは普通の鉄道写真と同じ。アングルを工夫したり、風景を取り入れたりして魅力ある作品に仕上げよう。

撮影・加工のちょっとした テクニック

被写体が画角に入らない場合

• 広角レンズは必須
• 駅舎・駅名標全体が入らない場合は…
対向ホームから撮る、駅裏に回る、分割して撮影しあとで合成する　など

分割して撮影→合成する

• 斜めから撮って、あとでまっすぐに編集する

逆光の場合

前面が影になる場合は明るさを変えて撮影し、合成する

①逆光で駅舎が暗い

②絞りを変えて明るく撮る　　①と②を合成

※完全逆光は「焼き込みツール」である程度修正できるが、完全に補正するのは難しい。

「焼き込みツール」で修正

人が多い場合

同じ位置で時間をずらして撮影し…

同じ位置で時間をずらして撮り、ソフトで合成し不要な部分を消す

合成して不要な人物を消去

※画像の編集は「Adobe Photoshop」等で編集。フリーソフトでもできるものがあるので探してみよう。
※「コンテストに応募する」とかでなければ、明るさの調整や人物消しなどの加工は問題ないと考える。

駅舎撮影で注意すること

基本的に普通の鉄道写真を撮るときと注意することは変わらない。
• 車道に立たない。
• 歩道であってもほかの人の通行の邪魔にならないよう常に周囲に気を配る。
• 人の家の門や店の入口、自動販売機の前など、ほかの人の邪魔になりそうな場所では撮影しない。
• 畑や工場の敷地など私有地には入らない。
• 駅員さんのいる駅で、列車の到着時間以外にホームに入りたいときは許可を得る。
• 混んでいる時には撮影しない。
• 列車が近づいているときは撮影しない。
• 線路には絶対に降りない。
• 駅員さんの指示・注意には従う。
ルールを守って気持ちよく撮影しよう。そしてネット等でどんどん作品を公開し、駅舎撮影趣味を広めよう。

第2章

廃止が危惧される路線・駅

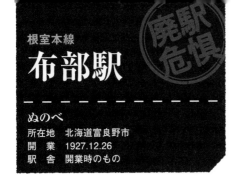

根室本線
布部駅

ぬのべ

所在地　北海道富良野市
開　業　1927.12.26
駅　舎　開業時のもの

駅名標

ぬ の べ
布部
◀ ● Nunobe ● ▶
や ま べ　ふ ら の
Yamabe　Furano

📷 「北の国から」のロケ地の駅

　「北海道のへそ」と呼ばれる富良野市を南へ、市街地が途切れ、再び現れた小さな集落にある駅が布部駅だ。駅舎は昭和2（1927）年の開業時のものだが、当初に比べてややコンパクト化されている。

　駅舎の正面は南東に向いており、日中は逆光になってしまう。晴れた日に駅舎を正面からきれいに撮るには午前中は避けたほうがよいだろう。

　駅舎の前方に見える山は東京大学演習林で、駅の開業時には森林軌道が接続し、昭和20（1945）年代まで木材と農産物の搬出でにぎわったという。いっぽう駅舎の背後には広大な畑がひろがり、北海道らしい雄大な景色を駅とからめて撮影することができる。

　さて、この駅はテレビドラマ『北の国から』に登場したことで知られている。昭和56（1981）年の第1回放送で、故郷に戻ってきた主人公らが降り立ったのがこの駅である。駅前には原作者・倉本聰直筆の木製の記念碑があり、現在でも多くのファンがこの駅を訪れている。駅舎内には『北の国から』のロケの様子や、駅舎がコンパクト化される前の写真も飾ってある。

根室本線

山部駅

やまべ

所在地	北海道富良野市
開 業	1900.12.2
駅 舎	1988.12.2

廃駅危惧

駅名標

やまべ

山部

Yamabe

ぬのべ　　しもかなやま
Nunobe　　Shimo-kanayama

📷 先代駅舎の一部が残る

　山部駅は富良野盆地の最も南の集落にある。昭和41（1966）年5月に富良野市と合併するまでは「空知郡山部町」だったところで、周辺には飲食店やコンビニ、小学校もある比較的まとまった町である。

　駅舎は昭和63（1988）年に改築された3代目。駅の西側には標高1726メートルの芦別岳がそびえているが、山部駅はその登山口であることから山小屋風のデザインになっている。

　駅舎正面は東向き。日中はおおむね順光

で撮影できる。駅の背後の芦別岳とからめるのもよさそうだ。

　駅舎の隣にタクシーの営業所があるが、なんとこの建物は2代目駅舎の一部が残されたもので、駅舎ファンには見逃せないものとなっている。また、ホームには明治44（1911）年に設置されたレンガ庫があり、これも見逃せない。

　かつてこの駅は集落の東に広がる東大演習林から搬出される木材の搬出でにぎわった。輸送はトラックに切り替わったが、現在でも駅裏には多くの木材が積まれ、当時のにぎわいを想像することができる。

根室本線
下金山駅

廃駅危惧

しもかなやま
所在地　北海道空知郡南富良野町
開業　1913.10.1
駅舎　1983

駅名標

しもかなやま
下金山
◀ Shimo-kanayama ▶
やまべ　　かなやま
Yamabe　　Kanayama

📷 無人化後でも窓口が？

富良野盆地の南端からひと山越えた小さな集落にある駅だ。

駅舎は無人化された翌年の昭和58（1983）年に改築されたものだが、窓口・事務室が設けられており、無人化後もなんらかの形できっぷの販売が行われていたようだ。現在でも保線職員らが駅舎を使用しているようだ。

集落のメイン通りから50メートルほど坂を上ったところに駅舎があり、見上げるような構図は背後の山と合わせてなかなか絵になる。正面は東向きで、午前中が順光だ。

この町は木材の積み出しで形成され、駅にも昭和2（1927）年に森林軌道が接続し木材輸送でにぎわった。しかしやがてトラック輸送に切り替わり昭和27（1952）年に森林軌道は廃止となった。

森林軌道は東方の西達布とを結び、富良野方から駅に乗り入れていた。駅舎とホームの間が広く空いているが、これが森林軌道のレールがあった名残だ。

駅には旅客用ホームのほか、現在でも貨物用のホームや線路の敷かれていたであろう空き地が残っている。

根室本線
金山駅

かなやま

所在地　北海道空知郡南富良野町
開　業　1900.12.2
駅　舎　不明

駅名標

かなやま
金山

Kanayama

しもかなやま　　ひがししかごえ
Shimo-kanayama　Higashi-shikagoe

📷 構内に車庫がある

　北海道では希少となった古くからの駅舎が残っている。ただし昭和50（1975）年ごろに比べて一部が解体され若干縮小されているようだ。

　金山の集落の南の端に位置し、メイン通りの道道から見下ろすような場所に駅舎は建っている。正面は西向きで、午後が順光になる。

　ホームは対向式で、数本の留置線がある。車庫があり保線車両が停泊していることもある。また、明治44（1911）年築のランプ小屋もある。

　かつて駅からは金山森林鉄道が接続していた。昭和5（1930）年6月に木材輸送を開始したが、昭和36（1961）年に廃止され、すべてトラック輸送に切り替えられた。駅にも貯木場があったというがその痕跡は薄れている。

　国鉄時代はこの駅から石勝線・占冠駅を経由して富内線・日高町駅とを結ぶ路線が計画されていた。計画は白紙となったが、現在は富良野－金山－占冠駅間にバスが運行されている。

　「金山」という地名は、トナシベツ川で砂金が採れたことから付けられた。その砂金を求めた人が集まって集落が生まれたという。

根室本線
東鹿越駅
廃駅危惧

ひがししかごえ
所在地　北海道空知郡南富良野町
開　業　1943.3.1
駅　舎　開業時のもの

駅名標
ひがししかごえ
東鹿越
Higashi-shikagoe
かなやま　　いくとら
Kanayama　　Ikutora

📷 石灰石で栄えた駅

　昭和16 (1941) 年12月29日に信号場として開業、昭和21 (1946) 年3月1日に旅客扱いを開始している。駅舎は開業時のものだが、当初に比べて左側が減築されやや小さくなっている。駅舎は北東に向いているため、晴れた日中は前面は影になりやすい。

　駅の背後には石灰の鉱山があり、かつては専用線も敷かれていたという。石灰石を輸送していた貨物列車は平成9 (1997) 年3月に廃止されたが現在でもヤードが残っている。ホームには大きな石の塊が置かれ、

黄色の文字で「石灰石」と書かれている。この駅の歴史を象徴するものだろう。

　駅前にはダムにより造られた「かなやま湖」がある。駅からは草木に遮られ見通しはよくないが、西へ1.5キロほど進んだ鹿越大橋からは美しい湖の風景を眺めることができる。

　周辺に民家はほとんどなく、JR北海道は駅を平成29 (2017) 年3月までに廃止する意向だったが、その前年の台風被害で不通となった鉄道が部分復旧したときに落合方面への代行バスの乗り換え駅となったため廃止は見送られ今日に至っている。

根室本線
鹿越信号場

しかごえしんごうじょう

所在地　北海道空知郡南富良野町
開　業　1900.12.2
廃　止　1986.11.1

駅名標

しかごえしんごうじょう
鹿越信号場
SHIKAGOE S.S
（空知郡南富良野町）
かなやま　　　ひがししかごえ
KANAYAMA　HIGASHI-SHIKAGOE

📷 旧線から新線へ、そして廃止

　明治33（1900）年12月2日に一般駅（旅客と貨物の両方を扱う駅）の「鹿越駅」として開業。貨物は主に木材を扱っていた。

　金山ダム建設に伴い金山−東鹿越間で線路が付け替えられることになり「鹿越駅」が湖に沈むことになった。

　線路移設は昭和41（1966）年9月29日に行われ「鹿越駅」は新

道内時刻表

線上に移転し「鹿越信号場」となった。ただし、実際には集落があり旅客も利用できた。千鳥配置の対向式ホームが設けられ「仮乗降場」の扱いだった。

　「鹿越信号場」は昭和61（1986）年11月1日に廃止され、詰所の建物が残っている。現在は無人地帯となっている。

新旧路線図

信号詰所

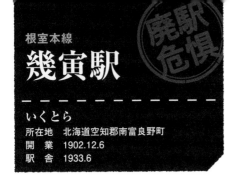

根室本線
幾寅駅

いくとら

所在地	北海道空知郡南富良野町
開業	1902.12.6
駅舎	1933.6

廃駅危惧

いくとら
幾寅
T36
Ikutora
ひがししかごえ　　おちあい
Higashi-shikagoe　　Ochiai

駅名標

📷 映画に登場したレトロ駅舎

南富良野町役場の最寄り駅で、町は高等学校や道の駅もある規模の大きな市街を形成している。

初代駅舎は昭和8（1933）年2月に焼失し、その半年後に建て替えられたのが現在の駅舎だ。

板張りの外壁、窓枠も木製とレトロ感が漂っているが、これは平成11（1999）年6月公開の映画『鉄道員（ぽっぽや）』の撮影のため改装されたためだ。映画には「幌舞駅」として登場し、駅前にはロケで使用された食堂や便所が残されている。平成17（2005）

年には映画で使用されたキハ40形気動車の前頭部が設置された。

駅舎内もレトロに改装され昭和の雰囲気が漂う。事務室部分は展示コーナーになっ

ホームは片面

駅前には映画のロケセットが残されている

ており、映画で使用された小道具やロケ時の写真などが展示されている。これらがなんと無料で見学できる。また、駅前のキハ40形気動車の内部には主演の高倉健氏をはじめとする主なキャストのサインが展示してあり、これも見逃せない。

駅舎は北を向いており、晴れていると正面はどうしても影になってしまうので注意が必要だ。

平成28（2016）年8月31日に発生した台風10号による大雨で鉄道が被害を受けて以来、現在に至るまで駅に列車はやって来ていない。レールも錆びてしまっているが、ホームに立って映画のポスターと同じ構図で写真を撮ってみるのもおもしろいのではないだろうか。

現在はJRが東鹿越−新得間で代行バスを運行しているが本数が少ないのが難点だ。しかし、駅から約1キロ離れた「道の駅・南ふらの」では旭川や帯広への高速バスが発着しており、幾寅駅へのアクセスに加えてみるのもよいだろう。

改装前の駅舎　窓はアルミサッシだった

駅舎内

映画の資料が展示されている

根室本線
落合駅
おちあい
所在地　北海道空知郡南富良野町
開業　1901.9.3
駅舎　不明

駅名標

📷 狩勝峠越えの拠点

国鉄時代からの木造駅舎だが、昭和50年（1975）年代までは入口の左側に待合室があり今より少し大きかった。駅舎正面は南側を向いており晴れた日の日中はおおむね順光だ。きれいに舗装されたまっすぐな道路が駅正面に敷かれている。

明治40（1907）年9月8日に狩勝峠越えの路線が開業すると峠越えの手前の駅として補機の蒸気機関車を連結する重要な駅となった。また、戦前には森林軌道が接続していた。広い構内が当時の繁栄を偲ばせる。

平成28（2016）年の台風被害で鉄道が不通になり列車の代わりにJRの代行バスが運行されている。ほかに占冠村営バスで幾寅駅や占冠駅へ行くことができる。

代行バスの車内から見た駅舎

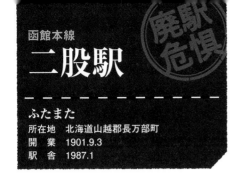

函館本線
二股駅

ふたまた
所在地　北海道山越郡長万部町
開　業　1901.9.3
駅　舎　1987.1

駅名標

ふたまた
二　股

おしゃまんべ　　　わらびたい
Oshamambe　　　Warabitai

📷 清掃の行き届いた貨車駅

　昭和62 (1987) 年1月に木造駅舎を解体して貨車駅になった。駅舎正面は南西を向いており、午後は順光になる。駅前はとくに整備はされていないが、建物もなく広いのでいろんなアングルで撮影できる。

　ホームはもと千鳥配置の対向式だったが、現在は片面になっている。

　駅から西に約8キロのところに「二股ラヂウム温泉」がある。以前は「秘湯」という感じだったが、平成13 (2001) 年に施設が建て替えられ近代的になった。源泉の石灰分によってできた巨大な石灰華ドームは北海道の天然記念物に指定されている。足に自信があれば駅から歩いてもよいが、長万部駅からのタクシー利用が一般的だ。

駅舎は塗り替えられ、現在はデザインが変更されている

函館本線
黒松内駅
廃駅危惧

くろまつない

所在地　北海道寿都郡黒松内町
開　業　1903.11.3
駅　舎　1980.1.25

駅名標

くろまつない
黒松内
Kuromatsunai
ねっぷ　　　わらびたい
Neppu　　　Warabitai

📷 寿都鉄道の名残が残る

　日本北限のブナ林があることで知られる黒松内町の駅。駅前は比較的まとまった市街地になっていて飲食店やスーパー、旅館もある。

　駅舎は昭和55（1980）年1月に改築されたコンクリート造り。正面は東向きのため、晴れた日はほぼ順光で撮影できる。駅前はまっすぐな通りになっているので、駅舎とからめた駅前風景を撮影するのもよいだろう。

　平成19（2007）年4月に無人化されて窓口は塞がれているが、待合室内には駅には珍しい畳敷きの小上がりがあり、撮影で疲れた足を伸ばせるのがありがたい。

　ホームには町の木で天然記念物に指定されているブナの木の一部がモニュメントと

駅舎内には小上がりがある

駅舎正面は東側を向いている

して展示されている。また、おそらく明治時代に造られたと思われるレンガ庫がある。

さて、黒松内駅を語る上で外せないのが「寿都鉄道」だ。大正9（1920）年10月24日に当駅から分岐して日本海に面した寿都駅まで開通した。当時の寿都町はニシン漁でにぎわっていたうえ、鉱山もあり、それらの輸送で寿都鉄道は活況を呈した。

勢いに乗った寿都町は、鉄道を岩内を経て小樽まで延ばすよう再三にわたり国に要望した。しかしなかなか許可が下りず、そのうちにニシンが獲れなくなり、鉱山も閉山、鉄道延伸の夢は叶わず、寿都鉄道は昭和43（1968）年8月14日に休止、昭和47（1972）年5月11日に廃止となった。

駅の北側が広く空いているのは寿都鉄道があった名残だ。JRホームの西側に寿都鉄道のホームがあった。さらに、その向こうには国鉄の転車台や扇形庫もあったという。

ちなみに現在は、寿都町へは駅前からバスが連絡している。

JRホームの西側には寿都鉄道が乗り入れていた

天然記念物　ブナの木のモニュメント

ホームにあるレンガ庫

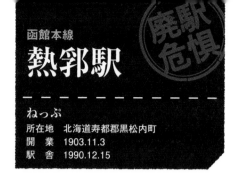

函館本線
熱郛駅

ねっぷ
所在地　北海道寿都郡黒松内町
開　業　1903.11.3
駅　舎　1990.12.15

駅名標

📷 駅舎は「熱郛ホール」

　周辺は牧草地帯で、北海道らしい腰折屋根の建物やサイロも見られる。駅は集落のメイン道路から200メートルほど奥まった場所にある。

　駅舎正面は南向きで日中はおおむね順光だ。駅前広場に円形の花壇があり、駅舎とからめるのもよいだろう。駅舎には「熱郛ホール」という名称が付けられ、待合スペースには人形などが飾られていて微笑ましい。

　ホームはまっすぐな対向式で跨線橋は無い。中線があるので構内はひろびろとして、写真映えするだろう。

　集落は小さいが、駅から700メートルほど離れた国道沿いには「道の駅くろまつない」があり、焼きたてのパンやハムやチーズなどの特産品を買うことができる。

中線のある構内はひろびろとしている

函館本線
目名駅

駅名標

めな
所在地　北海道磯谷郡蘭越町
開　業　1904.10.15
駅　舎　1990.12

📷 ログハウス造りの駅舎

開業時は「磯谷(いそや)」という駅名で、明治38(1905)年12月15日に「目名」に改称している。

駅前に住宅が集まり商店や郵便局があるが、にぎやかというほどではない。駅裏を通っている国道までは1キロほどの距離があり、その国道沿線にも民家は少ない。

ログハウス造りの駅舎は正面が北西方向を向いており、夕方が順光となる。駅前が広くいろんなアングルでの撮影が可能だが、日中は正面が影となるので注意したい。駅舎内も美しく丸太の造形は写真映えする。

ホームは対向式だが片面は廃止されている。見通しのよいホームからは天気がよければニセコアンヌプリの美しい山容を拝むことができる。

対向側のホームは使用されていない

函館本線
蘭越駅

らんこし

所在地　北海道磯谷郡蘭越町
開　業　1904.10.15
駅　舎　1968.10

📷 ニセコ連峰や羊蹄山を望む

　蘭越町役場の最寄り駅で、駅前に形成される集落は比較的大きく、飲食店やコンビニもある。

　駅舎はコンクリート造り。正面が北西方向を向いており、夕方が順光となる。

　利用客も多いほうだが、近くに中学・高校があるためとくに学生の利用が多い。簡易委託で平日は窓口業務が行われている。

　ホームはまっすぐな対向式で見通しがよい。列車交換のため長時間停車する列車や、この駅を始発・終着とする列車もある。

　構内の跨線橋からは、ニセコ連峰や羊蹄山の美しい景色を眺めることができ、この駅に来たからには写真に納めておきたい。

跨線橋からニセコ連峰や羊蹄山を眺めることができる

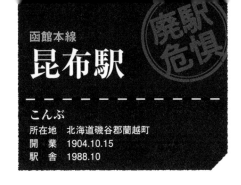

函館本線

昆布駅

こんぶ

所在地　北海道磯谷郡蘭越町
開　業　1904.10.15
駅　舎　1988.10

廃駅危惧

駅名標

📷 駅裏に重宝する施設が

小さな簡易駅舎に小さな駅前広場。駅前の国道沿いに飲食店や郵便局があるが、国道の向こうは山が迫っているため民家はない。

駅を出た右手に駅裏に行ける跨線橋がある。実は昆布の市街地は駅裏に広がっている。ただし、飲食店は国道側にしかないようだ。

駅舎正面は南西を向いており、日中はおおむね順光だ。昭和63（1988）年10月に改築された簡素な駅舎だが、平成4（1992）年3月まで簡易委託できっぷの販売が行われていた。現在は窓口は塞がれている。

ホームは片面だが、以前は対向式だった。現在は廃止された対向ホームは撤去され、空き地となって名残を残している。駅裏からはその駅構内の全体を撮影することができる。

そして駅裏すぐのところに蘭越町営の温泉施設「幽泉閣」がある。地元住民の利用者が多いということだが、宿泊もできるので、列車本数の少ないこの地域の駅巡りで重宝する施設だ。もちろん日帰り入浴もできるし、レストランや売店もあるので、時間が余った時に寄ってみるのもいいだろう。

ちなみに海藻の「昆布」はアイヌ語由来だが、昆布駅は山間にあり、その由来は海藻の「昆布」とは関係がない。

函館本線

ニセコ駅

廃駅危惧

にせこ

所在地　北海道虻田郡ニセコ町
開　業　1904.10.15
駅　舎　1966.11.10

駅名標

にせこ
ニセコ
Niseko

ひらふ　　　　　こんぶ
Hirafu　　　　　Kombu

📷 ニセコアンヌプリをバックに

　ニセコ町の町名は、以前は「狩太（かりぶと）」で、駅名も「狩太」だった。昭和38（1963）年7月24日に周辺一帯が「ニセコ積丹小樽海岸国定公園」に指定されたことを機に、その玄関口であることをアピールしようと町は駅名を「ニセコ」へ変更するよう国鉄に要望した。しかし所在地名ではないことを理由に断られてしまった。

　そこで町名を変更しようということになり、昭和39（1964）年10月1日に「ニセコ町」に改名した。こうして、昭和43（1968）年4月1日に駅名を「ニセコ」に改称することができた。ちなみにこれは国鉄初のカタカナ駅名である。

駅舎内には観光案内所と喫茶「ヌプリ」が

ホームからはニセコアンヌプリが望める　　　　　　　　　　ホームにある「むかい鐘」

　駅舎は昭和41（1966）年10月改築のもの
を、昭和63（1988）年12月に山小屋風にリ
ニューアルしたもの。駅舎正面は南東を向
いており、日中はおおむね順光だ。ニセコ
アンヌプリを背景にするととても写真映え
するが、どの位置からそれが撮影できるか
は各々探してほしい。

　駅舎内には喫茶店があり、人気のコー
ヒー、カレーはぜひ食してみたい。また、
ホームにはかつて列車の到着を知らせるた
めに使われていたという「むかい鐘」のモ
ニュメントがある。

　駅を出て西に約150メートルの場所に
「ニセコ鉄道遺産群」がある。

　昭和28（1953）年まで簡易軌道真狩線狩
太駅があったところで、平成2（1990）年に
「C62ニセコ号」が運転されたときに移設さ
れた旧新得機関区転車台や、蒸気機関車
「9643」、平成29（2017）年に引退した「ニセ
コエクスプレス（キハ183-5001号）」が展示
保存されている。公開は毎年5月末〜9月
末ごろまでだが、鉄道ファンなら見ておき
たい施設だ。

　ほかにも駅のそばには温泉施設やレンタ
サイクルがあり、町内には広範囲にわたっ
て宿泊・観光施設が点在しており、アウト
ドアやスキーで通年にわたって楽しめる。

ニセコ駅前温泉「綺羅乃湯」

跨線橋から見たニセコ大橋

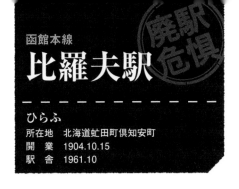

函館本線

比羅夫駅

廃駅危惧

ひらふ
所在地　北海道虻田町倶知安町
開業　1904.10.15
駅舎　1961.10

駅名標

📷 日本で唯一、駅舎が民宿

　羊蹄山とニセコアンヌプリに挟まれ、大きな道路から外れた狭い1本道のどん詰まりに駅はある。駅前には数軒の民家があるだけで、大自然に囲まれ秘境感がただよう。鉄道の利用者も1日数人しかいない。

　「比羅夫駅」といえば、駅舎が民宿になっていることで鉄道ファンにはよく知られている。昭和62 (1987) 年に駅事務室を改装して宿泊施設「駅の宿ひらふ」として営業を開始した。駅舎の2階が客室になっており、プラットホームでのバーベキューが宿泊客に人気だ。

　駅舎正面は北東に向き、日中は前面は影になってしまう。砂利敷きの駅前広場はそこそこの広さがあるが、宿泊客の車が数台停まっている場合が多く、撮影アングルが限られることもある。

　現在のホームは片面だが、以前は対向式だった。旧ホームは撤去されているが、空いたスペースにその名残を感じることができる。

　こんな駅だが、ほんの数キロ先には、おしゃれなペンションやレストランがいくつも建っている。とくに冬はスキーでにぎわうリゾート地となっている。

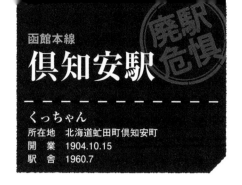

函館本線
俱知安駅

くっちゃん
所在地　北海道虻田町倶知安町
開　業　1904.10.15
駅　舎　1960.7

廃駅危惧

📷 新幹線駅に生まれ変わる

　倶知安町の玄関駅。駅の東側に約2キロ四方にわたって市街地がひろがっている。いかにも国鉄の主要駅といった鉄骨2階建ての立派な駅舎を持ち利用客も函館山線のなかではかなり多い。

　駅舎は東側を向いており、午前中が順光となる。ホームや駅裏の公園からは南東方向にそびえる羊蹄山をバックに駅舎や列車を撮影できる。

　新幹線の停車駅となるため、すでに工事が始まっている。新幹線の高架が建設されるため、令和3 (2021) 年10月31日より駅舎から離れた場所にホームが移設された。

　新幹線開業までに駅舎は改築され、加えて駅周辺も大規模な開発が計画されている。駅舎だけでなく町の風景も記録に残しておきたい。

昭和61 (1986) 年11月までは胆振線が分岐していた

函館本線
小沢駅

廃駅危惧

こざわ
所在地　北海道岩内郡共和町
開　業　1904.7.18
駅　舎　1988.10

駅名標

こざわ
小沢
Kozawa
ぎんざん　くっちゃん
Ginzan　Kutchan

📷 過去のにぎわいが感じられる

　かつて岩内線が分岐していた駅で構内は広い。立派だった駅舎は国鉄末期に簡易駅舎化された。駅舎正面は南西を向いており、午後が順光となる。

　駅前通りを100メートルほど進むと国道があり、そこを中心に集落を形成している。駅前通りと国道との交差点にある商店では、かつて駅で売られていた「トンネル餅」が販売されていたが、令和4（2022）年6月末で販売を終了した。全盛時は「トンネル餅」もよく売れたという。

　現在のホームは島式1面2線だが、国鉄時代は2面3線で、岩内線は駅舎に面した1番線を使用していた。昭和60（1985）年7月1日に岩内線が廃止され、その後しばらくして1番線の線路も撤去された。かつては1番線の駅舎側にも引き込み線が引かれて

駅舎遠望

立派な跨線橋が残る　岩内線が発着していた1番ホームは線路が剥がされている

いたが、現在は線路は埋められて駅舎を通らずとも直に跨線橋に行けるようになっている。

その跨線橋は分岐駅としてにぎわったころを思わせるたいへん立派なものだ。内部には国鉄時代の職員らにより描かれた絵が飾られており、一見の価値ありだ。

駅は共和町に属しているが、役場までは約7キロ離れている。本来、役場の最寄り駅は岩内線の幌似駅だったが、岩内線が廃止されたことにより、小沢駅が共和町役場の最寄り駅となった。

なお、廃止後の幌似駅は鉄道公園となり駅舎やホームの一部が残っているので、こちらも訪れてみたい。共和町役場へは小沢駅前の国道から岩内行きバスで約10分。そこから北へ約500メートルで幌似鉄道公園に着く。

跨線橋の中にある小沢駅職員による絵画

倶知安方面には羊蹄山が見える

国鉄当時の駅舎

函館本線

銀山駅

ぎんざん

所在地	北海道余市郡仁木町
開 業	1905.1.29
駅 舎	昭和末期？

駅名標

📷 駅からの景色がすばらしい

集落のメイン通りである道道から坂道を約1キロ上った山の中腹に銀山駅はある。

駅舎は国鉄末期に改築された簡易なもので、駅前はすぐ下り坂になっていて駅前広場は無い。駅舎正面は北東を向いており、前面は影になりやすい。駅舎を撮影するには見上げるようなアングルになるため、逆光には気を付けたい。

こんな立地だが、ホームはまっすぐな対向式で構内は意外に広い。ホームで列車を撮るには不自由はないだろう。ただし、ホームの背後に迫っている山に立ち入るのは困難だ。

周辺にこれといった観光施設はないようだが、駅から見下ろす雄大な風景は時間が経つのを忘れさせてくれる。

構内は意外に広い

函館本線
然別駅

しかりべつ

所在地　北海道余市郡仁木町
開　業　1902.12.10
駅　舎　1988.10.28

駅名標

しかりべつ
然別
Shikaribetsu
ぎんざん　　　　に き
Ginzan　　　　　　Niki

📷 構内には貨物ホームが残る

駅前に小規模な集落を形成しているが、公共施設は簡易郵便局ぐらいしかなく小学校も閉校している。

駅舎正面は北西を向いており、午後が順光となる。駅舎はログハウス風で、待合スペースは全体の3分の1ほどと狭く、残りは保線作業員用の休憩室および倉庫になっている。ホームは千鳥配置の対向式で、引き込み線や留置線があり構内は広い。

この地区は明治23（1890）年に開山した大江鉱山から金・銀・鉛などが産出されて発展した。それらが下火になったあとはマンガンを産出するようになり、昭和45（1970）年ごろの最盛期には町には多数の商店や旅館があったという。昭和59（1984）年9月に鉱山は閉山したが、駅構内には現在も貨物ホームが残っている。そのそばは広い空き地となっており、かつてそこで貨物の積み下ろしが行われていたことが想像できる。

駅からは1キロから1.3キロの距離があるが駅裏の国道沿いには、そば屋やきのこ料理を食べられる店があるので時間があれば行ってみるのもいいだろう。

函館本線
仁木駅

廃駅危惧

にき

所在地　北海道余市郡仁木町
開　業　1902.12.10
駅　舎　1966.9

駅名標

に　き
仁木
Niki
しかりべつ　よいち
Shikaribetsu　Yoichi

📷 待合スペースが広い

　仁木町役場の最寄り駅。駅前にきれいに区画整理されたまとまった集落を形成しているが、役場のほかに目立つほど大きな施設はないようだ。

　駅舎正面は北西を向いており、午後が順光となる。駅舎は事務室部分を除く大部分が待合スペースに当てられていてかなり広い。ラッチも石造りの立派なもので、昭和41 (1966) 年の改築当時はかなりの利用者があったことが想像できる。

　ホームはもと千鳥配置の対向式だったが、現在は片面のみとなっている。ホームと線路が剥がされた跡は更地となっている。駅裏に道路があり、そこからホーム側の駅舎を撮影することができる。

　周辺は仁木平野と呼ばれる広大な平地で、土地が肥沃なうえに水利も良かったことから、当初から農業を目的として開墾された。現在の仁木町は「フルーツの町」を謳っており、周辺には広範囲にわたって多くの果樹園がある。主にサクランボ、りんご、ぶどうなどが栽培され、夏から秋にかけては観光農園で収穫体験もできる。また「仁木ワイン」も有名だ。

函館本線
余市駅
廃駅危惧

よいち

所在地　北海道余市郡余市町
開　業　1902.12.10
駅　舎　1996.3.19

駅名標

よいち
余市
Yoichi
に　き　らんしま
Niki　Ranshima

📷 2階建ての立派な合築駅舎

　石狩湾に面し、広い市域を持つ余市町の駅。役場へは約1.5キロと距離があるが、駅の近くには商店や飲食店が多く、駅裏にはショッピングモールもある。駅舎は2階建ての大きなもので、併設の観光物産センター「エルラプラザ」では、土産物の販売やカフェが営業している。

　ホームは2面3線と立派な配線で、ヤードがあった跡もある。函館山線のなかでは利用客はかなり多い。

　駅舎正面は西向きで、午後が順光となる。広い駅前広場が整備され、駅舎全体をきれいに納めることができる。

　駅の正面にはニッカウヰスキー余市蒸溜所の赤い屋根が見える。200メートルほどの距離なので、駅舎撮影のついでにちょっと足を伸ばしてみたい。

駅舎全景

函館本線
蘭島駅

廃駅危惧

らんしま

所在地　北海道小樽市
開　業　1902.12.10
駅　舎　1989

駅名標

📷 北海道海水浴場開設発祥の地

　駅の北側に集落が広がっている。町を貫くように国道が通っているが、コンビニがある程度で飲食店などはあまりないようだ。

　駅舎正面は北側を向いており日中は前面が影になる。駅前広場はとくに整備はされていないが、そこそこの広さがある。

　駅舎の左3分の2が待合スペースになっている。残りは事務室になっており、窓口がきれいな状態で残っている。

　ホームは対向式で、年季の入った立派な跨線橋がある。

　駅から300メートルほど進むと「蘭島海水浴場」に着く。明治36（1903）年7月に開場したという北海道で最古の海水浴場で「北海道海水浴場開設発祥の地」の碑が建っている。

ホーム側から見た駅舎

函館本線
塩谷駅

廃駅
危惧

しおや
所在地　北海道小樽市
開　業　1903.6.28
駅　舎　1989.11

駅名標

📷 正面から撮るには工夫が必要

　駅前に小さな集落を形成している。周囲を見渡しても山ばかりだ。

　駅舎正面は北を向いており日中は逆光となる。駅前広場は無く、駅舎全体を撮影するには1段低い位置にある道道から見上げるようなアングルとなる。駅舎の3分の1は事務室で、残りは待合スペースだ。

　ホームは対向式で、古く立派な跨線橋がある。かつて中線があった名残で構内は広い。

　山深い駅というイメージだが、駅前の道道を約1.5キロ進むと海岸に出る。そこに

は国道が走りバス停もある。塩谷の本当の集落はその国道沿いに広がっている。バスはほぼ30分おきに走っているので、中心部から離れている鉄道は分が悪い。

年季の入った立派な跨線橋がある

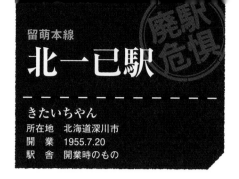

留萌本線

北一已駅

きたいちやん

所在地　北海道深川市
開　業　1955.7.20
駅　舎　開業時のもの

駅名標

きたいちやん

北一已

Kita-ichiyan

ふかがわ　　　ちっぷべつ
Fukagawa　　Chippubetsu

📷 廃止された駅舎を移築

通常の駅のように駅前に集落というものがなく、広大な田園地帯の真ん中に駅だけがポツンとあるといった感じ。民家は広範囲にわたってわずかに点在している程度。周辺人口が少ないため、当初から駅の利用客は少なく、開業からわずか5年後の昭和35（1960）年4月に業務委託化されている。

現在でも道道など主要道路からも外れ、駅付近にはコンビニも飲食店も無い。しかし駅には花が飾られているなど地元住民らによって手入れはされているようだ。

駅舎正面はほぼ西向きで午後が順光とな

駅舎遠望

る。駅舎内の窓口は板で塞がれている。ホームは片面だが、国鉄当時は千鳥配置の対向式だった。現在は対向側のホーム・線路とも撤去されている。

ホームから見た駅舎

　駅の開業は昭和30（1955）年と比較的新しい。そのわりに、駅舎は相当年季が入っているように見える。

　実はこの駅舎の前身は昭和16（1941）年10月10日に開業した深名線・宇津内駅舎を移築したものでたいへん貴重なものである（宇津内駅は利用客減少のため昭和31（1956）年に廃止）。しかし老朽化が進み補修が繰り返されて、最近では駅舎全体にわたって外壁がベニヤで覆われ窓が塞がれるなど、年が進むにつれ痛々しさが増してきている。

　開業時の駅名は「きたいちゃん」だったが、平成9（1997）年4月に地名に合わせて「きたいちゃん」に改称された。なお、JR型になる前の国鉄型駅名標は「きたいちゃん」という駅名にもかかわらず「きたいちやん」の表記だった。ちなみに地元では「一已」は「いっちゃん」とも呼ばれているようだ。

　深名線・宇津内駅舎を移築したといわれるこの駅舎、できれば廃止になっても補修していつまでも残してほしいものだ。

国鉄様式の駅名標

駅に進入するSLすずらん号

留萌本線
秩父別駅
ちっぷべつ

所在地　北海道雨竜郡秩父別町
開　業　1910.11.23
駅　舎　1934.11

駅名標

ちっぷべつ
秩父別
○ Chippubetsu ▷
きたいちゃん　　　きたちっぷべつ
Kita-ichan　　　Kita-chippubetsu

📷 利用客の大半は通学生

秩父別町の中心駅で、駅の西側にまとまった市街地が広がっている。開業時の駅名は「筑紫（ちくし）」で、昭和29（1954）年11月に町名に合わせて現駅名に改称された。

駅舎正面は西向きで午後が順光となる。駅前が広いので撮影には困らないだろう。駅から深川方に約200メートルのところに国道が線路を跨いでおり、そこから駅を俯瞰できる。

駅舎内は待合スペースは広いがイスは少ない。窓口・手荷物受渡口は板で塞がれている。

現在のホームは片面だが以前は対向式だった。かつて対向ホームがあった場所は雑草で覆われ、その痕跡は判別できなくなっている。しかし現在使用しているホームにはよく手入れされた花壇があり、きれいな花が咲いている。

平日の通学時間帯は深川市などの高校へ通う通学生で駅は混雑する。

国道沿いにはコンビニやスーパーがある。また、温泉施設があり、そこでは宿泊もできるので駅巡りには心強い。

列車の本数は少ないが、旭川／深川と留萌を結ぶバスと組み合わせるとかなり訪問しやすくなるだろう。

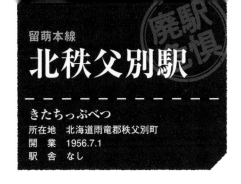

留萌本線

北秩父別駅

きたちっぷべつ

所在地　北海道雨竜郡秩父別町
開　業　1956.7.1
駅　舎　なし

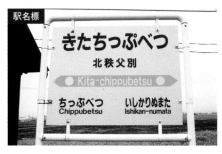

きたちっぷべつ
北秩父別
Kita-chippubetsu
ちっぷべつ　　いしかりぬまた
Chippubetsu　　Ishikari-numata

国鉄の仮乗降場の姿を残す

　仮乗降場として開業し、民営化と同時に正駅に昇格した。

　短い板張りのホームがあるだけという国鉄時代の仮乗降場の姿を残していることから鉄道ファンに人気がある。

　ホーム上に木造の待合室があったが、老朽化により傾きがひどくなり、令和4（2022）年6月に閉鎖され、同年10月に解体された。

　広大な田園地帯の中にあり、周辺に民家はわずかしかない。もともと人口が少ない場所だが、マイカーが普及する以前は住民に必要とされていた駅なのだろう。

　この駅に停車する列車は1日わずか6本。深川方面へは6・7・9・17時台の便があり、留萌方面については午前中の便は無く午後の16時台と18時台の2本しかないことから、完全に深川方面への通学・通勤のための駅だということが分かる。実際の駅の利用者は高校生が1人のみということだ。

　本来は周囲は田園地帯なのだが、平成15（2003）年に駅の背後に線路に並行するように深川留萌自動車道の立派な築堤ができ、当初に比べて景観は変化している。

留萌本線

石狩沼田駅

いしかりぬまた

所在地　北海道雨竜郡沼田町
開　業　1910.11.23
駅　舎　1972.11

駅名標

いしかりぬまた
石狩沼田
Ishikari-numata
きたちっぷべつ　　まっぷ
Kita-chippubetsu　　Mappu

📷 廃止された島式ホームが残る

　沼田町の中心駅で、主に駅から南側に市街が広がっている。町の規模は沿線のなかではかなり大きく、駅前には観光情報プラザ、町なかにはコンビニや複数の飲食店、町外れには宿泊施設もある。

　駅舎正面は南西を向いており、日中はほぼ順光だ。駅の正面に毎年夏季に行われる「夜高あんどん祭り」のステージがあるため、駅舎全体を正面から撮影するのはやや難しいかもしれない。

　昭和47（1972）年6月までは札幌とを結ぶ札沼線が分岐しており、ホームは2面3線で跨線橋もあった。現在はホームは片面のみとなったが、廃止された島式ホームが残っている。その島式ホーム上にある洗面所はSL時代を懐古させるものとなっている。

使われなくなった島式ホームと洗面所

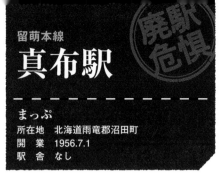

留萌本線
真布駅

まっぷ
所在地　北海道雨竜郡沼田町
開業　1956.7.1
駅舎　なし

駅名標

📷 古い待合室の先行きは…

　仮乗降場として開業し、民営化と同時に正駅に昇格している。ホームは短い板張りで、今ではたいへん少なくなった国鉄時代の仮乗降場の姿を今に残している。

　ホーム上の待合室は木造で老朽化している。同じ留萌本線内線でよく似たタイプだった北秩父別駅の待合室が老朽化で解体てしまったことから、この真布駅の待合室の先行きも不安だ。

　周囲は田園地帯で集落は無く、わずかな民家が点在しているだけ。駅前にきれいに舗装された道道が走っているが、バス路線というわけでもなく一般車両の通行量も少ない。

　この駅には一部の列車は通過し、停車する列車は1日9本。深川方面へは6・7・9・16時台、留萌方面へは11・13・16・18・20時台の便がある。バス路線から外れているので鉄道優位なのかと思ってしまうが、そもそも周囲の人口が少ないので駅の利用者もたいへん少ない。

　駅の背後にも回り込めるので、いろんな角度から駅を撮影できる。ただし、駅の正面は北東を向いているので、午前中のほうが撮影には適している。

留萌本線
恵比島駅

廃駅危惧

えびしま

所在地　北海道雨竜郡沼田町
開　業　1910.11.23
駅　舎　1999

駅名標

えびしま
恵比島
Ebishima

まっぷ　　　　とうげした
Mappu　　　　Togeshita

📷 観光客でにぎわったが…

　見るからに古く歴史のありそうな駅舎だが、これは平成11 (1999) 年に放映されたNHKの連続テレビ小説『すずらん』のロケセットとして造られたもの。ドラマの中では「明日萌 (あしもい) 駅」として登場したため、駅舎の入口にも「明日萌驛」と表示されている。

　ドラマは昭和初期の留萌地方の炭鉱町を舞台にしたもので、駅前にレトロな街並みを再現、駅舎内にもロケの様子などの資料が展示され、多くの観光客が訪れるようになった。

　実際の恵比島駅もかつては炭鉱鉄道が分岐するなど石炭産業で栄えたが、炭鉱が閉山してからは過疎が進んでしまった。古くからあった木造駅舎も昭和61 (1986) 年に

ホーム側から見た駅舎

駅前も昭和初期の街並みが再現された

解体され、使わなくなった貨車を待合室代わりに置いただけの「貨車駅」になった。ロケに際し、その貨車駅舎も木材で覆われ、レトロな風景に溶け込むよう配慮された。

駅舎正面は南西を向いており、午後が順光となる。駅前広場の片隅には小さな石造りの「すずらん記念碑」がちょこんと置かれている。

駅舎越しに見える煙突があるコンクリート2階建ての建物、これがもと留萌鉄道の本社だが、現在は廃墟となっている。また、駅の深川方に貯炭場があるが、ここがかつての留萌鉄道の跡地である。現在は奈井江の吉住炭鉱で採掘された石炭がここまで運

ばれてきている。

ブームが去り訪れる客も減ってしまった現在では、周辺人口も少ないこともあって、たいへん寂しい駅になってしまっている。

レトロにカモフラージュされた貨車駅舎

ホームは片面

本来の貨車駅舎

留萌本線

峠下駅

とうげした

所在地　北海道留萌市
開　業　1910.11.23
駅　舎　不明

廃駅危惧

とうげした
峠下
TŌGESHITA
留萌市
えびしま｜ほろぬか
EBISHIMA｜HORONUKA

📷 線内で唯一の交換可能駅

深川駅から続く平野が終わり、峠を越えた場所にある、駅名のとおり「峠の下」にある駅だ。周辺には民家はほとんどなく、そのため駅の利用客もたいへん少ない。

駅舎の建築年は不明だが、北海道では貴重となった古い駅舎が残っていることで鉄道ファンに人気の駅だ。昭和59（1984）年2月に無人化されているが、タブレット扱いの職員が常駐していたため駅舎は残された。自動閉塞化されタブレットが廃止された現在では保線詰所として駅舎は利用され

ている。

駅舎正面は南東を向いており、日中はおおむね順光だ。駅前広場はそこそこの広さがあるのでアングルに困ることはないだろう。ただし、周囲が山に囲まれているため早朝や夕方は影になりやすい。駅舎内には窓口・手荷物受口の跡が残っている。

ホームは千鳥配置の対向式。留萌本線内で唯一の交換可能駅であり、1日数回、列車の行き違いが行われる。ただし、列車交換が行われるのは早朝と夕方以降の便に限られ、残念ながら日中は列車交換の様子は見ることはできない。

留萌本線

幌糠駅

廃駅危惧

ほろぬか
所在地　北海道留萌市
開　業　1910.11.23
駅　舎　1986? 1987?

駅名標

ほろぬか
幌　糠
HORONUKA
（留萌市）
ふじやま　とうげした
FUJIYAMA　TŌGESHITA

📷 駅裏からの撮影もおすすめ

　東西を山に挟まれた土地に田畑がひろがる農業が盛んな地である。駅前の旧国道に沿って約1キロにわたって集落が形成されている。民家も比較的多く、公共施設も複数ある。ただしコンビニやスーパーは無いようだ。

　駅舎正面は北東を向いており、午前中が順光。駅前広場があるが、駅舎は広場の右側に寄った位置にある。

　国鉄時代は標準的な木造駅舎があったが、昭和59（1984）年2月に無人化され、民営化されたころに貨車駅に置き換えられた。貨車駅舎は木造駅舎の正面から見て右手に置かれた。現駅舎が広場の右側に寄っているのはそのためである。なお、旧駅舎の跡には基礎が残っている。

　現在のホームは片面だが、国鉄時代は対向式ホームで駅舎側には貨物の引き込み線もあった。戦前は隣接して貯木場があり、駅から木材を積み出していたという。現在は対向ホームは撤去され、貯木場があった場所も空き地になっている。

　駅裏に回ると国道沿いに駐車場がある。そこからは線路・ホームをからめた駅を撮影できるので、おすすめだ。

留萌本線
藤山駅

廃駅危惧

ふじやま
所在地　北海道留萌市
開　業　1910.11.23
駅　舎　開業時のもの

駅名標

ふじやま
藤　山
FUJIYAMA
留萌市
おおわだ　ほろぬか
ŌWADA　HORONUKA

📷 開業時の駅舎が部分的に残る

　山に挟まれた土地にあり周辺は主に田園地帯である。周辺に民家は少ない。300メートルほど深川方に行ったところに比較的多くある建物は主に工場や倉庫などだ。

　駅舎は開業時のものだが、昭和59（1984）年2月に無人化された後、正面左側にあった事務室部分が解体され待合室のみになった。それでも国鉄時代の駅舎が残っている貴重な駅として鉄道ファンにはよく知られている。

　駅舎正面は北東を向いており、午前中が順光となる。駅前広場はそこそこの広さがあるのでアングルには困らないだろう。

　ホームはもと千鳥配置の対向式だったが、無人化と同時に交換設備は廃止され、現在は片面のみ使用されている。対向ホームも撤去されて雑草に埋もれている。

　「藤山」という駅名は、鉄道を敷設する際、地主であった藤山要吉より用地の提供を無償で受けたことが駅名の由来となっている。駅前に藤山要吉について記した「藤山開拓之碑」が置かれているのでこちらもチェックしておきたい。

留萌本線
大和田駅
廃駅危惧

おおわだ
所在地 北海道留萌市
開 業 1910.11.23
駅 舎 1986〜1987ごろ

駅名標

おおわだ
大和田
ōWADA
（留萌市）
るもい　ふじやま
RUMOI｜FUJIYAMA

📷 島式ホームだったことが分かる

　駅前付近には民家は数軒しかないが、留萌方に数百メートル進んだところにまとまった集落を形成している。周辺にいくつもの炭鉱があり、開業当初から石炭の積み出し駅としてにぎわったが、昭和30（1955）年ごろに炭鉱は閉山し、昭和35（1960）年には貨物扱いも廃止された。当時は駅前に多くあった民家も減ってしまっている。

　国鉄時代は木造駅舎が建っていたが、昭和59（1984）年に無人化され、民営化されたころに貨車駅に置き換えられた。木造駅舎の基礎だったところの端に貨車駅舎が設置されている。

　駅舎正面は南東に向いており、日中はおおむね順光だ。駅前広場は広くはない。国鉄時代の駅前広場はもっと広かったが、いまは草むしてしまっている。とはいえ、建物などの障害物はないため、撮影には問題ないだろう。

　ゆるい曲線を描いているホームは現在は片面使用だが、以前は島式で駅舎との間にレールがあった。ホーム上には待合室跡の基礎が残っている。

　駅裏の国道から駅全体を俯瞰できるが、草刈りがされていないタイミングだと撮影は難しいかもしれない。

留萌本線

留萌駅

るもい

所在地　北海道留萌市
開　業　1910.11.23
駅　舎　1967.11.15

駅名標(「せごし」はその後廃止された)

📷 市の代表駅もとうとう廃止

人口約2万人の留萌市の代表駅で、駅の南側に約1キロ、東西に約3キロにわたって市街地が広がっている。

駅舎は昭和42(1967)年11月改築のコンクリート造り2階建ての立派なものだ。1階には有人窓口・ソバ店があるが、平成20(2008)年10月にKIOSKが閉店して以来、売店などは無くなっている。なお、2階にはFM放送局が入っている。広い駅前広場は駐車場になっている。

駅舎正面は南向きで日中はおおむね順光

だ。駅前広場が広いので大きな駅舎の全体をカメラに収めることができるが、駐車場の車が映り込むのは避けられない。

ホームは2面2線だが、駅舎に面した1番線しか使用されていない。

現在は盲腸線となっている留萌本線の終着駅だが、かつては16.7キロ先の増毛駅まで線路が伸び、2番線も使用されていた。さらに遡れば羽幌線も分岐し、留萌駅は広い構内を持っていたが、羽幌線は昭和62(1987)年3月30日に、留萌-増毛間は平成28(2016)年12月5日に、それぞれ利用客の減少のため廃止されている。

駅舎を正面から

　以前の留萌駅は、留萌本線が2面3線、羽幌線が1面2線の合計3面5線だった。留萌本線ホームと羽幌線ホームはハの字形に配置され、両ホームは約100メートルある長い跨線橋で接続されていた。さらに両ホームの間にはヤードやターンテーブルもあった。過去には天塩炭砿鉄道や留萌鉄道臨港線も接続し、留萌港にも直結している石炭輸送の拠点だった。

　現在は羽幌線ホームとヤードは完全に撤去され、跡地は「道の駅るもい」と「船場公園」になっている。「船場公園」からは留萌駅をホーム側から眺めることができるので行ってみるといいだろう。

駅名が「留萠」から「留萌」に改称された

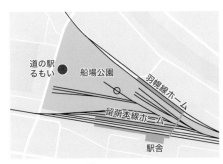

羽幌線現役当時の構内図

羽幌線現役当時の駅名標。
「萠」と「萌」が混在している

福塩線

下川辺駅

廃駅危惧

しもかわべ

所在地　広島県府中市
開　業　1938.7.27
駅　舎　1982.10

駅名標

📷 **一見、無機質な駅舎だが…**

　府中市の中心からいったん市街が切れ、再び現れた市街地にある。山に囲まれているが、近くに国道が通り、高校や飲食店があり住宅も多いので明るいイメージだ。

　駅舎は国鉄末期に改築された簡易駅舎によく見られるタイプのコンクリート造り。正面は南西を向いており午前中が順光だが、駅前に住宅が迫っているので冬は影になりやすい。無機質な駅舎だが、駅前の針葉樹やヤシと合わせると味が出てくる。

　駅舎内はベンチがあるほかは何もない。

ホームは片面で簡素な待合所があるだけだが、ホーム側も植栽が豊富だ。

　なお、駅の隣に「藩境石・番所跡」の石碑があるのでこちらもチェックしておきたい。

ホームは片面

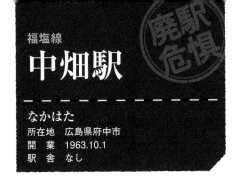

福塩線
中畑駅

なかはた
所在地　広島県府中市
開業　1963.10.1
駅舎　なし

廃駅危惧

JR 中畑
なかはた Nakahata
← かわさ Kawasa　しもかわべ Shimokawabe →

📷 ホームを俯瞰できる

　山と山に挟まれた谷のような場所にある秘境感ただよう駅だ。駅前に芦田川が流れ、駅のそばには何もないが、駅前の坂を上ったところに数軒、坂を下った川沿いと、県道のある川の対岸にそれぞれ数十軒の民家がある。ただし、コンビニはおろか商店すら無いようだ。

　開業時から無人駅で当初から駅舎は無い。片面ホーム上に簡素な待合所があるだけのシンプルな駅だ。ホームから川を見下ろせるため景観はよいが、駅の両側に山が迫っているため冬場や早朝・夕方は影になりやすいのが難点だ。

　駅がシンプルなため、撮影アングルが限られるように思われるが、駅前の坂を上るとホームを俯瞰できるので、そこから川や対岸の山をからめるなど工夫をすれば味のある写真が撮影できるだろう。

　また、春にはホーム脇に生えている桜の木が満開となる。できればその季節にも訪れてみたい。

　緑豊かな地域であるため、駅以外でも山の風景や芦田川の流れ、川にかかる橋など、被写体にできる題材は多い。

福塩線
河佐駅

かわさ
所在地　広島県府中市
開　業　1938.7.28
駅　舎　1953.7

廃駅危惧

駅名標

JR 河佐
かわさ Kawasa

なかはた
Nakahata
びんごみかわ
Bingo-Mikawa

📷 観光地の雰囲気がある

　周囲を山に囲まれた約1キロ四方にわたって広がる集落の中心に駅はある。

　「河佐峡」という景勝地の下車駅で、駅前には商店があり観光地の駅といった雰囲気がある。

　駅舎は昭和58（1983）年に無人化された後、事務室部分が解体され、3分の1ほどの大きさになった。

　駅舎正面は北側を向いており、終日にわたって前面は影になってしまう。ホームはまっすぐな対向式で、架線も跨線橋も無いのでスッキリとしている。

　河佐峡へは約1キロ。渓谷美や川遊びを楽しむ場所だったが、現在ではキャンプ場やプールのあるレジャースポットとなっている。とはいえ渓谷美が失われたわけではなく、今でも駅ではハイキング客の姿がよく見られる。

ホームは対向式

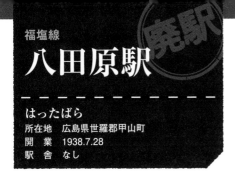

福塩線

八田原駅

廃駅

はったばら

所在地　広島県世羅郡甲山町
開　業　1938.7.28
駅　舎　なし

駅名標。現在はダム湖のそばに移設されている

📷 ダムの底に沈んだ駅

河佐－備後三川間に存在した駅。八田原ダム建設のため、この駅は湖底に沈むことになり、平成元 (1989) 4月20日に廃止された。

同区間は新線に切り替えられたが、そのほとんどがトンネルとなり、新線上に八田原駅は移転されなかった。

晩年は周辺の民家はすべて移転を終え、ダム工事のダンプが行き来するのみだった

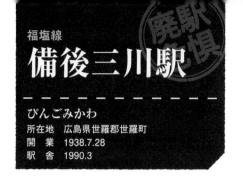

福塩線

備後三川駅

廃駅慎

びんごみかわ

所在地　広島県世羅郡世羅町
開　業　1938.7.28
駅　舎　1990.3

駅名標

JR
備後三川
びんごみかわ　Bingo-Mikawa
← かわさ　Kawasa
びんごやの →　Bingo-Yano

📷 ホームの曲線に注目

　山間に開けた平地に駅はある。周囲は田園地帯で、民家は駅前にやや固まっているほかは方々に点在しているといった感じだ。

　駅舎は河佐－備後三川間が新線に切り替えられるのを機に改築されたもので、地元の集会所との合築駅舎になっている。

　駅舎正面は西向きで、午後が順光となる。駅前広場は広くはないが、駅前の県道の交通量が少ないので撮影に支障はないだろう。山間とはいっても山は近くまで迫っていないので、平地と同じ感覚だ。

　ホームは片面で、もともとはまっすぐだったが、新ルートに切り替えられた線路に合わせてホームの福山方が広くなっている。

新線切り替えにより、ホームの端が曲線を描いている

福塩線
備後矢野駅
びんごやの
所在地　広島県府中市
開業　1938.7.28
駅舎　開業時のもの

廃駅惧

駅名標
JR 備後矢野
びんごやの　Bingo-Yano
← じょうげ　びんごみかわ
　 Jōge　　　Bingo-Mikawa

📷 駅がうどん店になっている

　山に挟まれた場所に駅はある。市域は狭いように思うが、北に少し進むと視界が開け集落が現れる。ただし、コンビニや飲食店は無いようだ。

　駅舎正面は西側を向いており午後が順光となる。ただし、山が迫り駅前も狭いので、冬場は影になりやすい。

　ホームは島式で、列車の行き違いが可能だが、現在は20時台の列車しか交換は行われていない。

　古い駅舎は内部が改装され、うどん店になっている。しかし、本数の少なさから列車を利用してのうどん店利用はハードルが高い。

　待合室や駅舎の周りには、数々の小物、七福神を祀るお堂、黄色いポストなどがあり、ローカル駅とは思えないほどにぎやかだ。

駅舎の中にも小物があふれている

福塩線
上下駅

廃駅危惧

じょうげ

所在地　広島県府中市
開　業　1935.11.15
駅　舎　開業時のもの

📷 福塩北線の中間点に位置する

　現在は府中市に属しているが、合併前の自治体「甲奴郡上下町」の中心駅だ。福塩北線と呼ばれる府中〜塩町間のほぼ中間点に位置し、同区間内では最大の市域を誇る。町なかにはコンビニやスーパー、宿泊施設も複数ある。

　駅舎正面は北東を向いており、午前中が順光となる。駅前にはタクシーが待機し、駅前広場が駐車場になっているので、撮影には車両が邪魔になるかもしれない。駅舎内は改装され、土産物などが売られている。

　ホームは2面3線。列車交換が行われる様子を跨線橋から撮影することができる。また、ホーム上には「福塩線最高地点」（標高383.74メートル）の標柱が建っているので、これは押さえておきたい。

跨線橋から見た駅構内

福塩線

甲奴駅

廃駅危惧

こうぬ

所在地　広島県三次市
開　業　1935.11.15
駅　舎　開業時のもの？

駅名標

JR 甲奴
こうぬ　Kōnu
← かじた　Kajita
じょうげ　Jōge →

📷 駅舎が町の飲食店代わり？

　山間の約1キロ四方にわたって広がる田園地帯の中心に駅がある。民家は駅付近に最も集中しているが、ほかにも広範囲にわたって点在している。駅の近くに喫茶店があるが、コンビニやスーパーは無いようだ。

　駅舎正面は北側を向いており、午前中は前面は影になる。駅前広場は無く、すぐ道路に面している。駅前の道幅は広めだが、広角レンズでないと駅舎を真正面から撮影するのは難しいかもしれない。

　駅舎は内部が改装され、飲食店が営業している。ここではお好み焼きやラーメンが食べられる。

　ホームは片面。駅裏の住宅地に回れば、駅舎をホーム側から撮影することができる。

ホームは片面

福塩線
梶田駅

かじた
所在地　広島県三次市
開業　1963.10.1
駅舎　なし

駅名標

JR 梶田
かじた Kajita
← びんごやすだ　こうぬ →
Bingo-Yasuda　Kōnu

📷 駅付近に撮影スポットが

　山と川に挟まれた狭い土地に線路に沿うように民家が建ち並び、その影に隠れるような場所に駅はある。駅前に上下川が流れ、その対岸に田園風景がひろがっている。広範囲にわたり民家が点在しているが、コンビニや飲食店は無いようだ。

　ホームは片面。開業は昭和38（1963）年10月と比較的最近で、開業当初から無人駅で駅舎は無かった。ホームの前面である南側に山が迫り、冬場の日中は影になりやすい。

　ホームから線路を越えた向かい側に道路があり、そこからホーム側からの駅を撮影できる。駅から500メートルほど迂回しなければならないが、ぜひ押さえておきたいアングルだ。

　ほかに駅に関しての撮影スポットはあまりないが、駅から約300メートルほど進んだところの線路沿いは、線路脇に障害物が無いので走行する列車を撮影するには絶好のスポットだ。また、線路を跨ぐ県道からは列車を俯瞰で撮影することができる。

　上下川の流れや田園風景など、ほかにものどかな景色などを撮影されてはいかがだろうか。

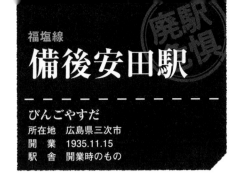

福塩線
備後安田駅

びんごやすだ

所在地　広島県三次市
開　業　1935.11.15
駅　舎　開業時のもの

駅名標

JR 備後安田
びんごやすだ　Bingo-Yasuda

← かじた　　　　　　　きさ →
　Kajita　　　　　　　　Kisa

📷 駅前のきれいな植栽は貴重

　山間の駅。駅前に民家が集中し、山も近いため窮屈なイメージがあるが、駅裏には田園風景がひろがり、山間のわりに開けている。

　駅舎正面は南側を向いていて、日中はおおむね順光だが、駅前広場が狭く民家が迫っているため早朝や夕方は影になりやすい。駅前にはよく手入れされた植栽がある。これは国鉄時代からあるもので、荒れたり、スロープに置き換えられたりする駅が多いなかでこのようなよく手入れされた植栽は貴重だ。

　ホームは片面だが、かつては対向式だったため構内は広い。対向ホームはすでに撤去されているが、当時の線路・引き込み線が残っている。

　駅裏の国道に回れば、ホーム側からの駅舎を撮影できる。

ホームは片面だが構内は広い

福塩線
吉舎駅

きさ
所在地　広島県三次市
開　業　1935.11.15
駅　舎　開業時のもの

駅名標

JR 吉舎
きさ Kisa
びんごやすだ　Bingo-Yasuda
みらさか　Mirasaka →

📷 窓口や手荷物台が残っている

　山の合間に流れる馬洗川に沿って、駅を中心に南北に約3キロの範囲に集落が形成されている。三次市と合併する前の自治体名は「双三郡吉舎町」で、駅前にも民家は多いが、中心部は南に1キロほど行ったところになる。その周辺には、美術館や高校などがある。

　駅舎正面は西向きで、午後が順光となる。駅前広場は狭く民家が迫っているので、広角レンズでないと駅舎全体を真正面から撮影するのは難しい。

　無人化されているが、窓口や手荷物台などが残っている。

　ホームは対向式で跨線橋がある。駅舎側には貨物用のホームと引き込み線が残っているので要チェックだ。高校生の利用が多く、朝の通学時間帯にこの駅止まりの列車が設定されている。

対向ホーム側の待合室

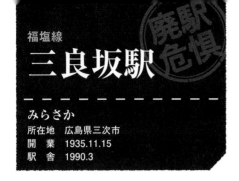

福塩線
三良坂駅
廃駅危惧

みらさか

所在地　広島県三次市
開　業　1935.11.15
駅　舎　1990.3

駅名標

JR 三良坂
みらさか Mirasaka

← きさ
Kisa

しおまち →
Shiomachi

📷 待合室内には座敷がある

　山中に開けた平地に集落が形成されている。駅の東方は狭い道の両側に民家や店舗が迫り昔ながらの雰囲気がある。駅前の馬洗川の対岸も住宅地だが、こちらはごく最近開発されたため、道路も広く各戸の配置にも余裕がある。

　駅舎はコンクリート造り2階建ての合築駅舎で、コミュニティホールのほか、一部がタクシー会社の事務所になっている。いちおう窓口もあり、待合室内には座敷がある。

　駅舎正面は南側を向いており、日中はおおむね順光だ。駅前広場は駐車場になって

おり、駅舎撮影には駐車車両が邪魔になるかもしれない。

　ホームは片面。駅舎のホーム側を撮るには駅裏に回る必要があるが、建物が邪魔をしてうまく撮るのは難しい。

駅舎は2階建て

69

芸備線

坂根駅

さかね

所在地　岡山県新見市
開　業　1930.2.10
駅　舎　2003.8

駅名標

JR 坂根
さかね Sakane

← いちおか
Ichioka

びっちゅうこうじろ →
Bitchū-Kōjiro

📷 駅舎がシースルー

　中国山地の山と山に挟まれた狭い土地に
駅はある。駅舎は透明のアクリル製で、窓
口は無く、待合室とトイレのみの簡素なも
のだ。

　駅舎正面は北西を向いており午後が順光
となる。駅前広場は広いので逆光のときは
アングルを工夫しよう。駅前に中国縦貫道
が走っており、その高架橋越しに撮影して
みるのもおもしろい。

　駅裏からは田園風景越しに駅ホームや列
車を撮影できる。ただし、駅から直接行け
る公道は無く、1キロ近く迂回しなければ
ならない。

　現在のホームは片面だが、対向式だった
名残の廃ホームが残っている。

　中国縦貫道の先にある国道沿いに十数戸
の民家が集中しているが、コンビニや商店
は無いようだ。

廃止された対向ホームが残る

芸備線
市岡駅

いちおか
所在地　岡山県新見市
開　業　1953.10.1
駅　舎　2000.3

駅名標

JR 市岡
いちおか Ichioka

← さかね Sakane　　やがみ Yagami →

📷 駐輪場との合築駅舎

　隣の坂根駅とよく似た立地の山間の駅
だ。ただし、坂根駅と違って駅の近くに民
家が多い。コンビニや商店は無いようだ。
　駅舎は「市岡ふれあいセンター」と名付
けられており、待合室とトイレで構成され
た駅舎本体に、駐輪場が併設されたかたち
になっている。ホームは片面でやや高い位
置にあり、駅舎からは階段を上る。
　駅舎正面は南側を向いており日中はおお
むね順光だ。駅前広場は無く、すぐ国道に
面しているが、国道を渡れば駅舎全体を撮
影することができる。また、国道の先の神
代川の対岸から撮影してみるのもおもしろ
いかもしれない。
　民家は主に駅裏の山の斜面に集中してお
り、そこから駅を俯瞰できる。

駅舎に駐輪場が併設

芸備線
矢神駅

やがみ
所在地　岡山県新見市
開　業　1930.2.10
駅　舎　開業時のもの

駅名標

📷 できれば桜の季節に行きたい

　山間にあり、近隣の駅と同じような立地だが、駅裏に田園風景がひろがりほかの駅より開けている。駅前の道は狭く民家が集中している。

　駅舎は開業時からのものだが、昭和58（1983）年10月の無人化後しばらくして正面左側にあった事務室部分が解体され小さくなった。

　駅舎正面は東側を向いており午前中が順光だが、山が迫っているため早朝は影になりやすい。

　ホームは千鳥配置の対向式で午前中の便で列車交換が行われる。上りホームには

「御衣黄（ぎょいこう）」という桜の樹がある。中国地方で2～3本しかないという珍しいもので、4月下旬～5月上旬に緑色の花を咲かせる。できればこの季節にも行っておきたい。

ホームは千鳥配置の対向式

野馳駅

のち
所在地　岡山県新見市
開　業　1930.2.10
駅　舎　開業時のもの

駅名標

📷 窓口が昔のまま残っている

　ここもやはり近隣の駅と同じような立地だが、駅前に民家が集中し、商店が多く生活感をより強く感じる。駅裏は一部が工場の敷地になっているが、基本的には田園地帯だ。

　駅舎は開業時からのもので、一部がアルミサッシになっているものの、かなり純度の高い木造駅舎だ。タクシー会社が管理をしており、窓口が昔のまま残り、人がいてきっぷを売っているのはかなり貴重だ。

　駅舎正面は北西を向いており、午後が順光となる。駅前広場は無いが、駅前の通り

から駅舎全体を撮影できる。ただし、午前中は逆光になるので注意が必要だ。

　ホームは片面だが、対向式だった当時の廃止されたホームが残っている。

昔の雰囲気が残る窓口は貴重

芸備線
東城駅

とうじょう
所在地　広島県庄原市
開　業　1930.11.25
駅　舎　開業時のもの

駅名標

JR 東城
とうじょう　Tōjō
← びんごやわた　のち →
　Bingo-Yawata　Nochi

📷 旧東城町の玄関口

　現在は庄原市に属しているが、かつては東城町の中心駅だっただけに、駅周辺に広範囲にわたって市街地がひろがる。駅前大通りこそきちんと整備された2車線の立派なものだが、脇道に入ると歴史を感じる街並みとなる。とはいえ、商店や飲食店をはじめ高校や病院もあり、生活に必要な施設はひととおりそろっている感じだ。広島駅や福山駅からの長距離バスも駅前まで乗り入れている。

　芸備線では広島県で最も東にある駅だ。駅舎は開業時からのもので昭和初期の建築。平成13（2001）年3月に無人化され、駅舎が荒れるのではと心配されたが、平成17（2005）年4月より民間の管理となり、駅舎内がきれいに改装され、窓口販売も復活した。

この駅舎は平成17年4月より
まちづくり東城㈱が
管理運営しています。

東城駅舎管理責任者　まちづくり東城㈱

連絡所　　　　　　　（東城町商工会）

駅舎は民間により管理されている

きれいに改修された窓口

待合室

　駅舎正面は南西を向いており、午後が順光となる。駅前広場が狭いので、駅舎全体を真正面から撮影するには広角レンズでないと苦労する。

　ホームは対向式の2面2線だが、現在はここで行き違いをする列車は無く、対向側のホームは旅客用としては使われていない。両ホームを結ぶ跨線橋も閉鎖されている。ただし、車両の入れ換えや留置で対向側ホームに列車が入線することもあるようだ。

　なお、現在使用されているホーム上には、かつて津山－広島間で運行されていた急行列車「やまのゆ」の乗車位置を示す「やまのゆ自由席」の文字が残っているので、これはぜひ押さえておきたい。

　駅裏は駅前の市街地と違って最近開発された。駅が貨物扱いをしていたころには

ホーム側から見た駅舎

ヤードがあったところだが、現在はほとんどのレールが取り払われ、老人保健施設とその駐車場になっている。その周辺の道路からはホーム側の駅舎や、駅構内を俯瞰する写真を撮影できる。

広島駅とを結ぶ高速バス

平成元（1989）年当時の駅舎

芸備線
備後八幡駅

びんごやわた

所在地　広島県庄原市
開　業　1935.6.15
駅　舎　開業時のもの

駅名標

JR 備後八幡
びんごやわた　Bingo-Yawata

うちな　Uchina　　とうじょう　Tōjō →

📷 駅前の大木も入れて撮りたい

　山間にある駅で、わずかな平地に集落と
田畑が作られている。駅前のほか、県道沿
いや駅裏の成羽川の対岸にもある程度の民
家がある。

　駅舎は開業時のものだが、事務室部分が
解体されて小さくなっている。今でも解体
される前の基礎が残っている。

　駅舎正面は北西を向いており、午後が順
光となる。駅前は広くはないが、駅舎が小
さいので撮影は問題ない。駅前の大木も含
めて写真を撮りたいところだが、真正面か
ら撮るのは難しいだろう。

　ホームは片面だが、廃止された対向ホー
ムが残っている。

　駅裏に回ることもできるが、夏場は雑草
に遮られて写真は撮りにくいかもしれない。

ホームは片面

芸備線

内名駅

うちな
所在地　広島県庄原市
開　業　1955.7.20
駅　舎　なし

廃駅危惧

駅名標

JR　内名
うちな　Uchina

← おぬか　　びんごやわた →
　Onuka　　Bingo-Yawata

📷 駅へ通じる道が狭い

　鉄道の開通から20年後に住民の熱心な請願により開業した駅で、開業時からホームは片面で駅舎は無い。ホーム上に小さな待合室と、そのそばにトイレがある。

　近隣の駅と同様に山間にある駅だが、ここはより山深い。駅前に民家は1件。周辺にも民家は数件しかない。こんな場所なので当然ながらコンビニも飲食店も無い。山と山に挟まれた狭い土地に川が流れ、大半が田畑で締められている。集落内に大きな道は無く、駅へ通じる道も車1台がやっと通れるような狭い道しかない。

　ホームの前は畑になっているので山奥のわりに閉塞感は無い。ホームの背後は、視界は限られるが、成羽川や集落の田園風景を見下ろすことができる。

駅への入口。この坂を上ったところにホームがある

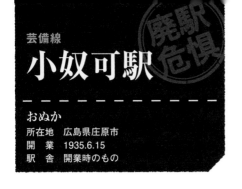

芸備線

小奴可駅

廃駅危惧

おぬか

所在地　広島県庄原市
開　業　1935.6.15
駅　舎　開業時のもの

駅名標

📷 タクシー会社がきっぷを販売

近隣の駅と同様に山間にあるが、平地部が広く開けており、高原の駅といった印象だ。主に田園地帯だが民家も多く、駅前にスーパーが、さらに町なかにも商店等があり、整備された国道も通っているため秘境感はない。

駅舎正面は西側を向いており、午後が順光となる。駅前広場は無く、スーパーと民家が近接しているためアングルは限られる。とくに晴れた日の早朝は逆光となるため撮影に苦労する。

駅舎は開業時のものだが、事務室部分が改装されタクシー会社の事務所として使わ

れている。そのタクシー会社が委託できっぷの販売をしているため窓口が使用されている。

現在はホームは片面だが、廃止された対向ホームが残っている。

改札口

芸備線
道後山駅

どうごやま
所在地　広島県庄原市
開　業　1936.11.21
駅　舎　不明

駅名標

📷 古い駅舎は消防車の車庫に

　山間にあり、平地部が少なく周辺に民家もわずかしかない。

　駅舎正面は東側を向いており、午前中が順光となる。駅前広場が無いので駅舎全体を真正面から撮影するのは難しい。

　古い駅舎は事務室部分が改装され消防車の車庫になっている。待合スペースは狭いが、昔使用していた青地に白文字の駅名板が置かれており必見だ。

　現在のホームは片面だが、交換可能駅だった名残の廃止された対向ホームが残っている。

　かつては道後山登山の下車駅としてにぎ

わい、映画館やパチンコ店もあったという。隣接していたスキー場も閉鎖され、現在は訪れる客もほとんどいないのどかな駅となっている。

駅裏から駅を俯瞰

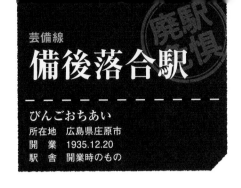

芸備線

備後落合駅

びんごおちあい

所在地　広島県庄原市
開　業　1935.12.20
駅　舎　開業時のもの

駅名標

JR 備後落合
びんごおちあい　Bingo-Ochiai
← どうごやま Dōgoyama　ひばやま Hibayama ゆき →

📷 広い構内に隆盛が偲ばれる

　日本海につながる木次線の分岐駅で、鉄道にとっては重要な駅だが、近隣の駅に比べてかなり山深く、駅付近に平地はほとんど無い。飲食店や商店も無いようだ。

　駅舎正面は北西を向いており、午後が順光になるが、山が迫っているため夕方は影になってしまう。

　駅舎は山の斜面のような場所にある。駅前に道路が通じているが、駅までで行き止まりになっている。駅前広場は無く、車の転回も困難なほど狭い。立派な駅舎が建っているが、駅前が狭いため、駅舎全体を真

正面から撮影するのはほぼ不可能だ。ただし、駅から少し離れた国道からは見上げるようなかたちで駅舎全体を撮影することはできる。しかしこの場合、駅舎の下部は隠

駅前は狭く道は行き止まりになっている

窓口

駅舎待合室

れてしまう。

　鉄道の要衝として、かつては旅客でにぎわい鉄道官舎があり駅員も大勢いた。広い構内を持ち、ホームは2面3線。駅舎に面した1番線が木次線のホームで、島式の2・3番線が芸備線のホームだ。

　国鉄当時はホームに売店があり、立ち食いそば屋もあったという。構内にはヤードや引き込み線があり、片隅には蒸気時代に使用していたターンテーブルも残っている。

　現在では、列車本数はわずかになってしまったが、14時台には三次方面・新見方面・木次方面の列車が集結し、一時のにぎわいを見せる。時間が合えば、ボランティアガイドにより備後落合駅の歴史を聞くことができる。駅舎内にも数々の写真や資料が展示されているので、できれば時間に余裕を持ってこの駅を訪れたい。

　ちなみにかつて駅で売られていた「おでんうどん」は、駅から約1キロ西の「ドライブインおちあい」で季節限定で食べられるそうだ。

構内は広い

木次線1番ホーム

芸備線2・3番ホーム

芸備線
比婆山駅
廃駅危惧

ひばやま
所在地　広島県庄原市
開 業　1935.12.20
駅 舎　開業時のもの

駅名標

JR 比婆山
ひばやま Hibayama
← びんごさいじょう びんごおちあい →
　 Bingo-Saijō 　 Bingo-Ochiai

📷 失くすには惜しい社殿風駅舎

　備後西城駅から続く平地部の北端部にあたる。山に挟まれてはいるが田園風景がひろがり開放感がある。民家も多く付近に商店や郵便局もある。

　駅舎は美しい曲線を描いた屋根の形状が特徴の社殿風だが、これは熊野神社参拝の下車駅として建築されたため。

　駅舎正面は西側を向いており、午後が順光となる。駅前広場は無いが、駅前の国道を渡れば駅舎を真正面から撮影できる。駅前にはよく手入れされた植え込みが、駅舎横には小さな池があり駅舎の風格を引き立てている。

　駅舎入口に掲げられている駅名板は昭和35（1960）年ごろの岡山駅の列車到着時刻表を再利用している。

　少し足を伸ばして駅裏から田園風景越しに駅を撮影するのもおもしろい。

廃止されたホームが残る

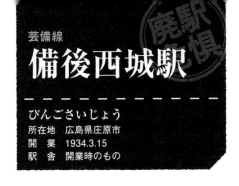

芸備線
備後西城駅

びんごさいじょう
所在地　広島県庄原市
開　業　1934.3.15
駅　舎　開業時のもの

駅名標

JR 備後西城
びんごさいじょう　Bingo-Saijō
← ひらこ Hirako　　ひばやま Hibayama →

📷 駅舎には観光協会が入居

旧・比婆郡西城町の中心駅で、山間でありながらも周辺は民家が多く、ショッピングセンターやコンビニをはじめ公共施設も多い。

駅舎は開業時からあるものだが、事務室部分が改装されて商店および観光協会が入居し、きっぷの販売も行っている。

駅舎正面は南東を向いており、午前中が順光だ。駅前広場は広くなく、駅舎全体を真正面から撮影するのは難しい。ただし、電柱が画角に入ってしまっても良ければ駅前の道路まで下がれば駅舎全体を収めることはできる。

駅前には「鉄道100年記念」として、芸備線を走った蒸気機関車C型132号機の動輪が設置されている。この駅に来たらこれも押さえておきたい。

ホームは対向式

芸備線
平子駅

廃駅
危惧

ひらこ
所在地　広島県庄原市
開業　　1952.2.1
駅舎　　1994

駅名標

JR **平子**
ひらこ Hirako

← びんごさいじょう
Bingo-Saijō

たか
Taka →

📷 蔵風の小さな簡易駅舎

　山と山に挟まれた狭い土地に駅はある。駅裏に国道と西城川があり、その向こうは田園地帯である。

　駅前の道沿いに数軒の民家があるがコンビニや飲食店は無い。集落の中心部は約1.5キロ新見方に行ったところにあり、そこでは平地部も広く民家も多いが、ふれあいセンターがあるくらいでやはりコンビニや飲食店は無いようだ。

　駅舎は平成6（1994）年に改築された蔵風の簡易なもの。それ以前は木造駅舎があった。

　駅舎正面は南東を向いており、午前中が順光だ。駅前は狭いが、駅舎が小さいので撮影には問題ないだろう。

　ホームは片面で、その目前に国道が走る。そこからはホーム側からの駅舎を撮影できる。駅から国道までは三次方に100メートル足らずで到達するが、その道は車が通れないほど狭い。車の場合は新見方に200メートルほど進んだところの踏切を渡らないと駅に到達できないのでご注意を。

　ちなみにこの駅は、平成17（2005）年公開の映画『ヒナゴン』の撮影ロケ地となっている。

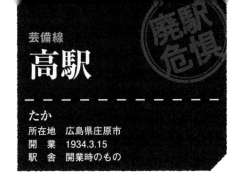

芸備線

高駅

廃駅危惧

たか

所在地　広島県庄原市
開　業　1934.3.15
駅　舎　開業時のもの

駅名標

JR 高

たか Taka

びんごしょうばら
Bingo-Shōbara

ひらこ
Hirako →

📷 福祉施設として駅舎が残る

隣の平子駅とよく似た立地だが、こちらのほうが平地部がやや広い。また民家はこちらのほうが多いが、駅近くにコンビニは無く、食料品店もやや離れたところにしか無いようだ。

駅舎は開業時から使用され続けている国鉄の標準的な木造駅舎で、昭和58（1983）年10月の無人化後も事務室部分が福祉施設として使用されているため解体されることなく現在に至っている。よく手入れされた駅前の植え込みもみごとだ。ただし残念ながら窓口は板で完全に塞がれている。

駅舎正面は北西を向いており、午後が順光となる。国道から少し奥まった場所にあるが駅舎を正面から撮ることが可能だ。ただし、駅前に建物が迫っているので夕方には駅舎が影になりやすい。

ホームは片面だが、廃止された対向ホームが残っている。また駅舎の新見方には貨物の引き込み線跡が残っているのでこれも要チェックだ。

300〜400メートルほど迂回して駅裏に回ると、駅をホーム側から撮影できる。また、駅前には桜の木があるのでできれば春にも訪れてみたい。

芸備線
備後庄原駅

びんごしょうばら
所在地　広島県庄原市
開　業　1923.12.8
駅　舎　1932.6

駅名標

📷 大改装でバスとの連携を強化

　人口約3万人の庄原市の代表駅。庄原盆地に発展した都市で、約2キロ四方に市街地が広がり、その北端に近い位置に駅は位置している。町なかには住宅が密集し飲食店が多い。少し離れたところにはショッピングセンターやホテル、高校もある。

　駅舎は昭和8（1932）年に建築されたものが何度も改修を繰り返されながら使用されている。最近では令和2（2020）年10月に「大正ロマン漂う」イメージに改装された。

　駅舎正面は南側を向いており、終日にわたってほぼ順光だ。ただし早朝は駅前のビ

ルの影がかかってしまう。

　改札の左側に待合室、右側に多目的スペースがある。改修を終えたばかりでどちらもたいへんきれいだが、多目的スペースの使用は有料のうえに予約が必要だ。

駅前にバスが乗り入れる

改札と窓口

多目的スペース

　ホームは2面3線で跨線橋がある。庄原市公設の広島カープ応援団があることからホームには球団公認の選手人形が飾られている。アングルは限られるが駅裏からも駅構内を撮影できるので行ってみてもいいだろう。

　駅舎の改修と合わせて大規模な周辺整備も行われた。雑然としていた駅前の建物が一掃され、ロータリーが整備された。備北交通の本社が駅前に移転、駅からやや離れていたバスセンターも廃止されて駅前にバスが乗り入れるようになり、列車とバスの連携が格段によくなった。広島駅や東城駅とを結ぶ高速バスも乗り入れている。

ホームにあるカープ人形

ホームは2面3線

再開発前の駅前

旧庄原バスセンター

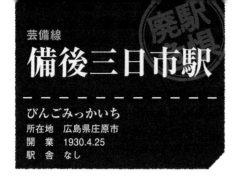

芸備線

備後三日市駅

びんごみっかいち

所在地　広島県庄原市
開業　1930.4.25
駅舎　なし

駅名標

JR 備後三日市
びんごみっかいち　Bingo-Mikkaichi

← びんごしょうばら　ななつか →
Bingo-Shōbara　Nanatsuka

緑に囲まれ雰囲気がよい

　庄原市の西の外れ、市街地が途切れた静かな田園地帯にある。駅から見える範囲に民家はわずかで駅に通じる道も狭く、まるで山奥の駅といった雰囲気だが、300メートルほど離れたところを走る国道沿いには飲食店や商店などが建ち並ぶ。

　線路は築堤上を走っており、あらかじめ知っていないと存在に気づかない、そんな場所に駅がある。

　地上からは車の通行が不可能なほど細い坂道を上ってホームに到達する。片面ホーム上に簡素な待合室があるだけのシンプルな駅だ。

　築堤上にあるので集落が見下ろせるのではと思うが、思ったほど視界はよくない。それでも緑に囲まれた駅は静かで雰囲気がよい。

　駅舎が無いので、基本的に撮影する時間は問わないが、林の影がホームにかかってしまうので、きれいな写真が撮りたければできれば夕方は避けたほうがいいだろう。

　地上からは、やや遠いが駅のホームを眺めることができる。そこから列車をからめて写真を撮るのもおもしろいだろう。

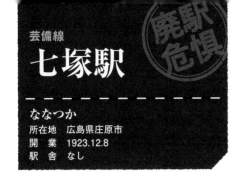

芸備線

七塚駅

ななつか

所在地　広島県庄原市
開　業　1923.12.8
駅　舎　なし

📷 駅舎のように見えるのはトイレ

　駅舎のない片面ホームのみの駅。ホーム上に駅舎のように見える和風の建物があるが、これはトイレである。

　ホームの前面に田園風景が広がる。山間の駅でありながら平地部が広い。周辺には民家が点在しているが、駅には大きな道が通じておらず、静かな農村地帯といった雰囲気だ。

　200メートルほど北に行くと国道があり、その沿線には飲食店やコンビニがある。民家も多いが、やはり田畑が平地部の大部分を占めている。

　さて、駅は入口が1か所しかなく、前面は田園、背後は民家の私有地なのでアングルが限られる。前面の田園越しに撮影するのがよいが、夕方は逆光になってしまうので、行くなら午前中がよいだろう。

和風の建物は駅舎ではなくトイレ

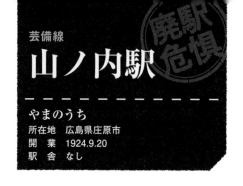

芸備線
山ノ内駅

やまのうち
所在地　広島県庄原市
開　業　1924.9.20
駅　舎　なし

駅名標

📷 貨物設備の跡が残る

　周囲は田園地帯で国道からは離れている
という、隣の七塚駅と同じような立地だ
が、こちらには駅前広場があり、駅前に商
店がある。北に約500メートル進むと国道
があり、そこにコンビニがある。また南に
約600メートル進むと中国縦貫道の七塚原
SAがあり、そこで食事ができる。

　駅はホームのみで駅舎は無い。昭和40
（1965）年代までは木造駅舎があった。駅入
口とホームの間が離れているが、これは貨
物設備があった名残。現在のホーム片面使
用だが、もとは島式ホームだった。

　駅から南に300〜500メートルほど移動
するとホーム側を田園風景越しに撮影でき
る。この場合は午前中が順光だ。

島式ホームの片面のみ使用している

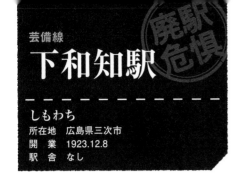

芸備線
下和知駅

しもわち
所在地　広島県三次市
開　業　1923.12.8
駅　舎　なし

駅名標

JR **下和知**
しもわち　Shimo-Wachi
← しおまち　　　　やまのうち →
　　Shiomachi　　　Yamanouchi

📷 県道から一段高い位置にある

　七塚駅・山ノ内駅と同じような立地で、周囲には田園風景が広がる。ただし、駅前に2車線の県道が走っていて郵便局もあり、さびれた雰囲気は無い。ただし近くに商店や飲食店は無く、約1キロ離れた国道付近もほぼ同様だ。

　駅は県道から一段高い位置にある。ブロック積みの待合所があり、やや離れたところにホームがある。昭和40（1965）年代までは待合所の場所に妻面が入口の大きな駅舎があった。ホームは現在は片面しか使用されていないが、かつては島式で行き違

い可能だった。待合所とホームが離れているのは交換設備があった名残だ。

　駅を南に400メートルほど回り込むと田園風景とともに駅を撮影できる。この場合は午前中が順光となる。

交換設備があった雰囲気が残る

芸備線

塩町駅

しおまち

所在地　広島県三次市
開　業　1930.4.22
駅　舎　開業時のもの

駅名標

📷 貴重になった曲り屋風駅舎

　背後は山、前面は美波羅川と馬洗川に挟まれた三角形の土地に駅は位置する。駅前からは民家や工場が目に入り、にぎやかな場所なのかと思うが、住宅地を外れると田園地帯となる。

　駅舎は宿直室のある曲り屋風。全国的に無人化が進み駅舎の減築や簡素化が進むなかで、このような曲り屋風の駅舎は貴重だ。

　駅舎正面は北側を向いており、日中は前面は影になってしまう。駅前広場は狭く、駅舎全体を真正面から収めるのは難しい。

　左手にある民家は以前は食堂だったが、数年前に廃業してしまった。

　旧事務室は内部がすべて取り払われ、別

駅舎は曲り屋風

の目的で使用されているようだ。しかし窓口は形としては残っている。

改札からホームへは地下道を通る。この地下道は昭和59（1984）年に使用開始されたもので、それ以前はスロープでホームへ向かっていた。そのスロープは今はゲートが閉じられて通行不可になっている。

福塩線の分岐駅だが、配線はシンプルで構内も必要最小限のスペースしかない。島式ホームは幅が狭く、駅名標を正面から撮影するのはかなり難しい。

駅裏からホームを俯瞰できる。また、駅舎とは関係ないが新見方を流れる馬洗川のガーター橋を走る列車はとても絵になる。

高校が近くにあるため、学生で混み合う通学時間帯はできれば避けたほうがよいだろう。

駅舎内

窓口

ホームへの地下道

ホームへのスロープは通行不可

ホーム入口

ホームは島式で幅が狭い

芸備線
神杉駅
かみすぎ
所在地　広島県三次市
開　業　1922.6.7
駅　舎　1933.12

廃駅危惧

JR 神杉
かみすぎ Kamisugi
← しおまち　　やつぎ →
Shiomachi　　Yatsugi

📷 終着駅だった風格を感じる

駅前に十数軒の民家が固まっているが、駅裏には広大な田園風景が広がる。平地部は南北が約1キロ、東西が約3キロにおよぶ。その大半は田畑が占めている。

駅舎正面は北東を向いており、午前中が順光となる。駅前広場は駅舎全体を真正面から収めるには困らない程度の広さがある。

無人化され窓口は塞がれているが、駅舎はコミュニティホームとして利用されているようだ。

開業から約1年半の間はここが終着駅だった。駅舎とホームの間が離れているのは貨物を扱っていた名残。まっすぐで長い島式ホームに貨物ホームも残る立派な構内に終着駅だった風格が感じられる。

駅舎とホームの間にはかつて貨物ヤードがあった

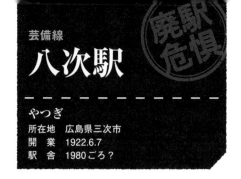

芸備線
八次駅

やつぎ
所在地　広島県三次市
開　業　1922.6.7
駅　舎　1980ごろ？

📷 駅前に木造駅舎が建っていた

　三次の市街地の東端に位置する。昔から
ある街道から少し奥まった場所に駅がある。

　駅舎は待合室とトイレで構成された簡易
なものだが、トイレは閉鎖されていて使用
できない。

　駅舎正面は北側を向いており、日中は前
面が影になる。駅前広場は広くはないが、
駅舎が小さいので撮影に困ることはないだ
ろう。

　ホームは片面だが、以前は島式だった。
その当時は今の駅前広場に木造駅舎が建っ
ていた。

　駅前の街道沿いは昔ながらのたたずまい
だが、150メートルほど先の国道沿いには
書店・飲食店・スーパーなど大型店舗が建
ち並ぶ近代的な風景となる。

ホームは片面

木次線
八川駅

廃駅危惧

やかわ

所在地　島根県仁多郡奥出雲町
開　業　1934.11.20
駅　舎　開業時のもの

JR 八川
やかわ Yakawa
← いずもさかね
　Izumo-Sakane
いずもよこた →
Izumo-Yokota

📷 駅舎内にも注目の良駅舎

　山と山に挟まれた狭い土地に駅はある。駅前に数軒の民家が固まっているが、周辺は主に田園地帯だ。

　駅舎は開業時から使用されているもので、昭和49（1974）年公開の映画『砂の器』では、この駅が亀嵩駅という設定で登場している。平成21（2009）年12月には傷んでいた部分を改修し美しく生まれ変わった。外観だけでなく駅舎内も改修されている。

　駅舎のそばにはよく手入れされた植え込みがあり、駅舎のよさを引き立たせている。

改修前は駅舎前面にも植え込みがあったが、残念ながらきれいさっぱり無くなってしまった。

駅舎の軒

駅舎正面

　駅舎内の窓口や改札口も昔の形状を保っている。ただし、事務室への入口部分はアルミサッシになっている。

　駅舎正面は南西を向いており、午後が順光となる。駅前広場は広くはないが、駅舎を真正面から撮るのに問題ないだろう。

　ホームは片面だが、廃止された対向ホームが残っている。両ホームの間に設けられた融雪溝が雪国であることを示している。

　駅前の国道を北に1キロほど行ったところが八川の集落の中心部になり、駅付近よりはるかに住宅も多く、小学校や郷土資料館もある。駅は集落の外れともいえる場所にあるが、駅前にそば屋があり繁盛している。ただし、そのほとんどはマイカー客だ。なお、事前に電話で連絡すれば、列車までそばを届けてくれるそうだ。

窓口

改札口

よく手入れされた植え込み

廃ホームと融雪溝

木次線
出雲坂根駅

いずもさかね
所在地　島根県仁多郡奥出雲町
開　業　1937.12.12
駅　舎　2010.4.23

駅名標

📷 スイッチバックと延命の水

　山が深くなり、田畑も民家も途切れる、そんな場所に駅はある。隣の三井野原駅までの6.4キロで161メートルもの高低差を全国でも珍しい三段式スイッチバックで昇り降りする、鉄道の名所として知られている。

　駅舎は「奥出雲延命水の館」との名称がついており、集会所が併設されている合築駅舎だ。

　駅舎は南西を向いており、午後が順光となる。駅前広場は無いが駅前の国道が広いので撮影に問題はないだろう。

駅舎

　出雲坂根駅といえば「延命の水」も有名だ。飲めば長生きできる長寿の霊水といわれ、ホームの端にある源泉にはタヌキの置き物と水を汲むためのひしゃくが置いてあ

駅舎内

ホーム側から見た駅舎

る。列車はこの駅で進行方向が変わるため3分以上の停車時間があり、この間に乗客が「延命の水」を飲みに行く光景が見られる。

　ホームは対向式。備後落合方には「奥出雲おろちループ」の一部である赤い「三井野原大橋」が見える。「奥出雲おろちループ」は、災害で不通になることが多かった旧道に代わって平成4（1992）年4月に開通

した国道だ。

　この国道の開通により、車で「延命の水」を汲みにくる人が増え、駅が混み合うようになった。そこで平成21（2009）年8月に駅から南に約800メートルのところに車で直付けできる新しい水汲み場が設置され、駅の混雑は解消された。そこには舞茸をはじめとする奥出雲の特産品の直売所が併設されている。

ホーム

構内の案内標識

「延命の水」水汲み場

赤い「三井野原大橋」が見える

木次線
三井野原駅

廃駅哀惜

みいのはら
所在地　島根県仁多郡奥出雲町
開　業　1949.12.24
駅　舎　2014.12

駅名標

📷 レンタサイクルを収納

　標高726メートルというJR西日本でいちばん高い所にある駅だ。駅を中心に民家と田畑が点在している。冬にはかなりの降雪がある地域で、近くにスキー場がいくつかあり、周辺にはいくつもの旅館・民宿やスキーレンタルの店がある。かつては臨時のスキー列車がこの駅まで走っていた。

　駅舎正面は北西に向いており、午後が順光となる。駅前広場が無く、すぐ道路のため、駅舎全体を真正面から撮るのは難しい。

　駅舎は、待合スペースと、男・女・障がい者用のトイレが半分以上を占めている。改

築当初は「奥出雲おろちループ」のサイクリングを楽しんでもらう構想があったためレンタサイクルの収納スペースも設けられている。

駅舎

駅から宍道方に約1キロで「道の駅奥出雲おろちループ」がある。付近の展望台からは雄大なループ橋を眺めることができる。出雲坂根駅までは4キロほどなので歩いてみるのも楽しい。

さて、三井野原駅といえば、旧駅舎時代にある事件があった。

旧駅舎は昭和33（1958）年9月開業時のブロック積みの駅舎だった。平成16（2004）年3月にリニューアルに伴いJRにより外壁が塗装されたが、国定公園内にあるため知事の許可が必要だったところを無許可で塗り替えてしまったのである。そのことが問題となり同年5月30日に再び塗り直された。なお、塗り直された駅舎内はカラフルでアート的だった。

駅舎内、待合スペース

駅舎内、トイレ

ホームは片面

ホーム側から見た駅舎

塗り替え後の旧駅舎

カラフルだった旧駅舎内部

木次線
油木駅

廃駅
危惧

ゆき
所在地　広島県庄原市
開業　1937.12.12
駅舎　なし

JR 油木
ゆき Yuki
← みいのはら Miinohara
びんごおちあい Bingo-Ochiai →

📷 国鉄時代の駅名標がある

　広島県で最も北にある駅。山深くわずかな平地にわずかな民家と田畑がある。駅裏に小学校の立派な校舎が建っているが、すでに廃校になっている。

　駅舎は無く、片面ホーム上に待合所と上屋があるのみ。駅舎があったところは更地となり、残った2本の木がかつての駅舎の位置を示している。

　駅舎があった駅入口は東を向いており、午前中が順光となる。以前は駅入口とホームとの間にも線路があり、ホームも島式だった。貨物の引き込み線があった場所は太陽光発電パネルが置かれている。

　待合所の壁には国鉄時代からあるとみられる手書きの駅名標が掲げられている。また、駅裏からも駅を撮影できるので行ってみるといいだろう。

旧駅舎跡は更地になっているが、駅前の木は残っている

木次線の冬期バス代行

出発を待つ木次線代行バス（備後落合駅）

冬期は長期運休する木次線

　木次線の出雲横田〜備後落合間は冬の間、大雪のため毎年のように長期運休する。積雪の具合によって変動はあるが、ほぼ12月から3月の間は運休すると思っておいたほうがよい。

　「鉄道は雪に強い」ということがずっといわれてきたが、最近では通用しなくなってきた。これは道路が整備され、地元自治体により昼夜にわたり道路の除雪が行われるようになったことにより、代行バスの運行が容易になったことが大きい。JRで除雪するには費用がかかりすぎる。スイッチバックのある木次線ではなおさらである。

　鉄道の運休中は代行バスとなる。もともと利用客が少ないためバス1台で充分なようだ。場合によってはタクシーで運行されることもあるという。

　代行バスは鉄道のダイヤに合わせて運行されるが、おおむね鉄道の時刻よりも早い。とくに出雲坂根〜三井野原間は鉄道が17〜18分かかるのに対し、バスは数分で着いてしまう。

　これでは鉄道に勝ち目はない。観光需要で生き残るしかないのだろうか。

鉄道が運休し、線路は雪に埋もれている（三井野原駅）　　　駅前の道路は除雪されている（三井野原駅）

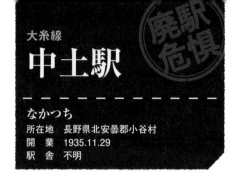

大糸線

中土駅

廃駅危惧

なかつち
所在地　長野県北安曇郡小谷村
開　業　1935.11.29
駅　舎　不明

駅名標

JR 中土
なかつち Nakatsuchi

みなみおたり
Minami-Otari
←

きたおたり
Kita-Otari
→

📷 修復を繰り返されている駅舎

　急峻な山に挟まれた谷のような場所に駅はある。駅前に数軒、少し離れた山の中腹に十数軒の民家がある。

　大雨等による土砂災害が多い地域のため、駅舎も被害を受けるたびに修復されている。写真の駅舎も現在は事務室部分が地元消防団の消防器具置き場に改装されている。

　駅舎正面は南西を向いており午後が順光。ただし駅前に民家が近接しており冬場や夕方は駅舎に影がかかりやすい。

　ホームは島式だが、片側しか使用されていない。幅が狭いので駅名標を正面から撮影するのはかなり困難だ。

　駅前の坂道を上れば駅を俯瞰することができる。また駅とは関係ないが、松本方に150メートルほど行くと姫川を渡る列車を撮影できる。

島式ホームの片面のみ使用。幅はかなり狭い

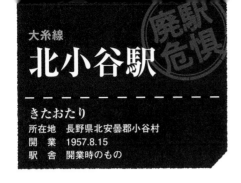

大糸線
北小谷駅
廃駅危惧

きたおたり
所在地　長野県北安曇郡小谷村
開　業　1957.8.15
駅　舎　開業時のもの

📷 入口が斜めに配置

　山間の駅で、前面に山が迫り駅裏には姫川が流れる。駅付近に民家はほとんど無い。

　駅舎正面は東側を向いており午前中が順光となる。駅前はそこそこ広く広角レンズなら駅舎全体を真正面から撮影できる。駅舎は入口が斜めに配置されているおもしろいデザインだ。窓口は残念ながら掲示板で塞がれている。

　ホームは片面。目の前を流れる姫川はこのあたりでは川幅が広く、美しい景色を眺められる。

　駅前の坂道を上ると駅を俯瞰することができる。俯瞰撮影ポイントはいくつもあるので探してみてほしい。

　駅から約700メートル先の「道の駅・おたり」には温泉も併設されているので行ってみるのもいいだろう。

駅舎の入口が斜めに配置されている

大糸線

平岩駅

廃駅
危惧

ひらいわ
所在地　新潟県糸魚川市
開　業　1957.8.15
駅　舎　開業時のもの

駅名標

📷 当駅始発の列車もある

山間の駅で、駅前に県道が走り駅裏に姫川が流れる。駅前に商店が1軒ある。駅前広場の糸魚川方にある「平岩簡易郵便局」は平成27（2015）年から閉鎖されている。

駅舎正面は西側を向いており午後が順光となる。駅前広場は狭いが、駅前の県道を渡った先に車が停められる程度のスペースがあるので、駅舎全体を真正面から撮影できる。

駅舎内の窓口・手荷物受口は板で塞がれている。ホームは島式だが、片面が廃止されている。留置線にはラッセル車が停まっ

ていることもある。

駅から姫川を渡って糸魚川方に約300メートルのところに姫川温泉のホテル・旅館がある。立ち寄り入浴もできるので時間があれば行ってみたい。

2002年当時。島式の両面が使用されていた

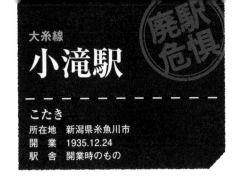

大糸線
小滝駅
こたき
所在地　新潟県糸魚川市
開　業　1935.12.24
駅　舎　開業時のもの

駅名標

📷 発電所の関連施設が建ち並ぶ

　ここも山間。国道からやや奥まった場所に駅はある。付近に集落は無く、駅裏は姫川の広い河川敷になっている。すぐそばに発電所があり、周辺はその関連施設が建ち並ぶ異様な光景となっている。

　駅舎正面は南西を向いており午後が順光となる。駅前広場は広くはないが、駅舎全体を真正面から撮影するのに問題ないだろう。駅舎内はきれいに改装されており、窓口は塞がれている。

　ホームは島式だが、片面が廃止されている。ホーム幅は狭く、駅名標を正面から撮るのは困難だ。

　駅前の国道を糸魚川方に500メートルほど行ったところにある姫川を渡る「第3下姫川橋梁」は、鉄道写真の有名撮影地だ。

島式ホームは幅が狭い

大糸線
根知駅

ねち
所在地　新潟県糸魚川市
開　業　1934.11.14
駅　舎　開業時のもの

駅名標
JR　根知
ねち Nechi
こたき　Kotaki　　くびきおおの　Kubiki-Ōno →

📷 峡谷を抜けようやく集落が

　中土駅から続いてきた峡谷のような険しい地形も、ここにきてようやく開けてくる。駅前の道路に沿って民家が建ち並び集落を形成している。それまで見られなかった田園風景もここでは普通に見られる。集落を避けるように国道が走り、その西側は姫川の広い河川敷である。

　駅のやや糸魚川方では根知川が合流し、その川沿いにも集落と田畑が発達している。ただし、どちらの集落にもコンビニや食料品店は無いようだ。

　駅舎正面は北西を向いており午後が順光

となる。駅前広場は駐車スペースになっていて狭く、民家が近接しているので駅舎全体を真正面から撮影するのは難しい。

　駅舎内はきれいに改装されており、窓口や手荷物口は塞がれている。ホームは対向式だが、現在この駅で行き違いをする列車は無い。19時台に1本、この駅を始発とする列車がある。

　駅裏には田園風景がひろがる。そちら側から駅を撮影することも可能だ。また、駅前の道を糸魚川方に400メートルほど行くと根知川のガーダー橋を渡る列車を撮影できる。

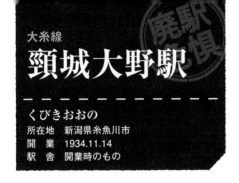

大糸線
頸城大野駅

くびきおおの

所在地　新潟県糸魚川市
開　業　1934.11.14
駅　舎　開業時のもの

駅名標

JR 頸城大野
くびきおおの　Kubiki-Ōno

← ねち　　　　　ひめかわ →
　 Nechi　　　　 Himekawa

📷 駅舎は通りの突き当たりに

　日本海に近づき、さらに平地部が広くなる。根知駅とよく似た立地で、周辺は民家と田畑で占められているが、こちらのほうが市域が広い。付近には郵便局や小学校があり、少し離れると飲食店もある。駅から約200メートル離れた姫川の対岸にも集落や田畑がある。

　集落のメイン通りである県道から100メートルほど入った突き当たりに駅はある。駅舎正面は西側を向いており午後が順光となる。駅前広場は狭いが、広角レンズなら駅舎全体を真正面から撮影できるだろう。

　駅舎内はきれいに改装されており、窓口や手荷物口はその痕跡が分からないほどに板で塞がれ、掲示スペースになっている。

　ホームは片面。眼前には田園風景がひろがる。駅舎側には貨物の引き込み線跡が残っている。

　数百メートル迂回して駅裏に回れば、田園風景越しの駅を撮影できる。その背後には北アルプスの山々が連なっており、とくに残雪の残る季節には山をバックにした美しい鉄道写真が撮れるだろう。

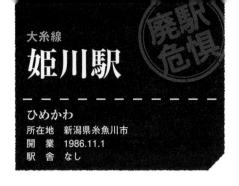

大糸線
姫川駅

廃駅危惧

ひめかわ
所在地　新潟県糸魚川市
開　業　1986.11.1
駅　舎　なし

駅名標

📷 病院の最寄り駅だったが…

　民営化の約半年前に開業した新しい駅で、当初から片面ホームのみの無人駅で駅舎は無い。駅前広場は無く、出入口は国道に面している。

　糸魚川の市街地の南にあり、周辺は住宅や商店・工場などが多い。温泉宿泊施設やコンビニもある。

　姫川総合病院の最寄り駅として設置されたが、その病院は平成19（2007）年6月に経営破綻し、現在は廃墟となっている。

　駅裏は新しく造られた住宅地で、そこからも駅を撮影できる。ただし、500メートル以上迂回しなければならない。

　入浴・宿泊施設のある「フォッサマグナ糸魚川温泉」は駅から糸魚川方に約200メートル。

ホームは片面

越美北線

六条駅

廃駅危惧

ろくじょう
所在地　福井県福井市
開業　1960.12.15
駅舎　なし

駅名標

JR　六条
ろくじょう　Rokujō

← あすわ Asuwa　えちぜんはなんどう Echizen-Hanandō →

📷 ホームの端が駅の出入口

越前花堂駅で北陸本線から分岐し、福井駅から続く市街地がようやく途切れ、周囲に広大な田園風景が現れた、そんな場所にこの駅はある。

駅には国道から外れた地方道路が通じている。道路沿いに民家が建ち並び、ほかは田園地帯という、いかにも地方ローカル駅といった感じだ。民家は多いが、コンビニや飲食店は駅の近くには無いようだ。

開業当初から駅舎の無い無人駅でホームは片面。ホームの端が駅の出入口になってい

て、ホーム上に締切のできる待合室がある。

ホームの眼前には広大な田園風景が広がる。背後は工場の倉庫が近接して建っているので、そちらからの撮影は難しい。

ホームの対面に道路があるので、そこからも駅を撮影できる。また、少し足を伸ばして田園風景を手前にして撮影するのもよいだろう。この場合、午前中が順光となる。

駅の九頭竜湖方に高架橋があるので、そこから俯瞰写真を撮りたいところだが、そこは高速道路なので残念ながらそれは不可能だ。

越美北線
足羽駅

廃駅危惧

あすわ
所在地　福井県福井市
開　業　1964.5.20
駅　舎　なし

駅名標

JR　足羽
あすわ Asuwa

← えちぜんとうごう
　Echizen-Tōgō

ろくじょう →
Rokujō

📷 田園との取り合わせが似合う

　六条駅と同じく、福井駅から続く福井平野の中にある。六条駅と似たような立地だが、この駅の近くに民家は全く無く、田園のなかに駅だけがポツンとあるといった感じだ。

　越美北線が開業した4年後に追加設置された駅で、国道から外れ駅には細い道しか通じていない。

　開業当初から駅舎の無い無人駅でホームは片面。ホームの中央が駅の出入口になっていて、ホーム上に締切のできる待合室がある。ホーム下には駐輪場が設置されている。

　駅の四方は田園地帯。福井方約200メートルのところに小学校があるが、点在する集落はどれも駅から500メートル以上離れているうえにコンビニや飲食店も無いようだ。

　駅のそばに建物は無いが道路は狭い。ホームの対面にも道路があるので、そちら側からの撮影も可能。田園風景との取り合わせが似合う駅だが、そういう写真を撮るには駅から数百メートルは歩くことになる。できれば望遠レンズがあったほうがいいだろう。

　駅入口側からは午後が順光、ホーム側からは午前中が順光だ。

越美北線
越前東郷駅

えちぜんとうごう
所在地　福井県福井市
開　業　1960.12.15
駅　舎　開業時のもの

駅名標

JR 越前東郷
えちぜんとうごう Echizen-Tōgō

← あすわ Asuwa　　いちじょうだに Ichijōdani →

📷 駅前にはみごとなミニ庭園が

　福井平野の端に位置する。駅を中心に主に線路より南側に集落が形成されている。住宅が多く駅前にはスーパーがあるが、集落内にはコンビニは無いようだ。

　駅舎は開業時に建てられたもので、コンクリートブロック造りになっている。駅舎正面は南側を向いており、日中はおおむね順光だ。駅前は小規模なロータリーになっており、その中心にはみごとなミニ庭園が造られている。

　駅前広場は狭いが、道路が広いので駅舎全体を真正面から撮影するのに問題はないだろう。ただし、ミニ庭園を避けようとすれば、駅舎は斜めから撮るしかない。

　駅舎内は、窓口・手荷物口の跡はあるが、いずれも板で塞がれている。

　ホームは島式で上屋も島式仕様になっているが、片面は廃止されている。ホームの眼前には田園風景がひろがる。駅裏に回れば田園風景越しに駅を撮影できる。

　駅前通りを200メートルほど行けば「越前美濃街道」がある。遊歩道として整備された堂田川に錦鯉が泳ぐ観光名所となっている。

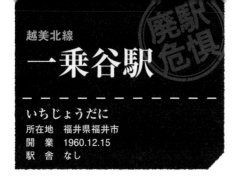

越美北線

一乗谷駅

いちじょうだに

所在地　福井県福井市
開業　1960.12.15
駅舎　なし

駅名標

JR 一乗谷
いちじょうだに　Ichijōdani
← えちぜんとうごう　えちぜんたかだ →
Echizen-Tōgō　Echizen-Takada

📷 周囲は田園、近くに博物館

　福井平野が途切れ、山間に入った最初の集落の駅だ。足羽川の西岸にあり、平地の大部分を田畑が占める。駅の近くには民家はわずかだが、400メートルほど南に行ったところに民家が集中している。福井市から外れた感があるが、平成の大合併以前からここは福井市だ。

　開業当初から駅舎の無い無人駅でホームは片面。ホームの中央が駅の出入口になっていて、ホーム上に締切のできる待合室がある。駅前に数軒の民家があるが、ほかは四方が田園風景だ。コンビニや飲食店も無

いようだ。

　写真を撮るにはやはり田園風景との取り合わせが似合う。田園風景越しの写真は望遠レンズがあったほうがいいだろう。ほぼ同じ条件で駅裏からも撮影できる。ちなみに駅入口側からは午前中が順光、駅裏からは午後が順光となる。

　駅から福井方に約200メートルのところに「福井県立一乗谷朝倉氏遺跡博物館」がある。一乗谷に城を築いた朝倉氏に関する資料が展示されている。館内にはカフェもあるが、入館には予約が必要なのでご注意を。

越美北線
越前高田駅

えちぜんたかだ

所在地　福井県福井市
開業　1964.5.20
駅舎　なし

📷 撮影アングルは限られる

福井平野から外れて山をひとつ越え、再び平地が開けたところにある。平成の大合併以前の美山町の西端になる。

駅周辺に民家が固まり集落を形成している。集落内の道路は狭くコンビニはないが、500メートルほど離れた足羽川の対岸に喫茶店がある。

路線開通の4年後に追加されて開業した駅で、当初から駅舎の無い無人駅でホームは片面。ホームの端が駅の出入口になっていて、ホーム上に締切のできる待合室がある。

駅前広場は無く、駅に通じる道も狭い。しかも駅の前後に民家があるため、撮影するアングルは限られる。そのため、基本的に駅前の踏切付近からの撮影となるが、この場合、午前中が順光となる。

福井市との合併以前は美山町だった

越美北線

市波駅

いちなみ

所在地　福井県福井市
開　業　1960.12.15
駅　舎　なし

駅名標

JR 市 波
いちなみ Ichinami

← こわしょうず
Kowashōzu

えちぜんたかだ →
Echizen-Takada

📷 駅の南北で様相が一変

越前高田駅付近をはじまりとする平地部がだんだんと広くなり、南北1キロと最も広くなったそのほぼ中央部に駅がある。線路の南側は住宅地、北側は田園地帯とはっきり分かれているのがおもしろい。

線路の南側となる駅前一帯に広範囲にわたって多くの民家がある。集落内には小さな商店はあるもののコンビニや飲食店は無いようだ。駅前通りを約100メートル進むと国道があるが、その沿線も同様だ。

開業当初から駅舎の無い無人駅でホーム

は片面。ホームの端が駅の出入口になっていて、ホーム上に締切のできる待合室がある。駅前には広いスペースがあるのでアングルには困らないだろう。駅裏にも回ることができ、田園風景越しに駅を撮影することができる。ちなみに駅入口側からは午後が順光、駅裏からは午前中が順光となる。

集落内にコンビニや飲食店は無いが、駅から九頭竜湖方に約200メートルのところに温泉施設「美山楽く楽く亭」がある。入浴のほか、休憩や食事もできるので、撮影の合間に立ち寄ってみたらどうだろうか。

越美北線
小和清水駅

こわしょうず
所在地　福井県福井市
開　業　1960.12.15
駅　舎　なし

JR **小和清水**
こわしょうず　Kowashōzu
← みやま　Miyama
いちなみ　Ichinami →

📷 集落の北の外れにある

　山間にあるわずかな平地に形成された集落の駅だ。平地部内には小和清水駅しかなく、ほかの平地部とは完全に独立している。

　駅から南に国道沿いに続く集落にはコンビニや飲食店は無いようだ。東に約500メートルの足羽川の対岸にも同規模の集落があるが、ここにもコンビニや飲食店は無いようだ。

　駅は集落の北の外れにある。開業当初から駅舎の無い無人駅でホームは片面。ホームの端が駅の出入口になっていて、ホーム

上に締切のできる待合室がある。ホームの眼前には田園風景がひろがる。駅前には広いスペースがあり、車の駐車場が隣接している。駅裏にも回ることができ、田園風景越しに駅を撮影することができる。駅入口側からは午後が順光、駅裏からは午前中が順光となる。

　駅の南側で道路が線路を跨いでおり、そこから俯瞰写真が撮れる。ただし、線路がカーブしているので駅までは見通せない。また、さらに南に行くと足羽川にかかるトラス橋「第7足羽川橋梁」があり、そこが列車の撮影スポットになっている。

越美北線
美山駅
廃駅危惧

みやま
所在地　福井県福井市
開　業　1960.12.15
駅　舎　2003.12.18

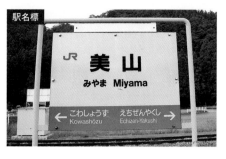

駅名標

JR **美山**
みやま Miyama
← こわしょうず　えちぜんやくし →
Kowashōzu　Echizen-Yakushi

📷 駅舎で地元の特産品など紹介

　足羽川に沿って点在する平地部に存在する集落のひとつで、福井市と合併する前の美山町の中心にあたる。

　駅舎はログハウス風で愛称は「美山観光ターミナル」。内部は地元の温泉や特産品が紹介・展示され、通路に段差がなく、障がい者用トイレもあるバリアフリーの造りになっている。

　駅前に国道が走り、商店や公共施設は多いが、近くに飲食店は無いようだ。

　ホームは島式で、列車の行き違いが行われる。

　旧美山町にはコンビニがなかったため、

駅舎改築・駅前整備と同時に駅舎の隣にコンビニを誘致した。しかし鉄道の利用者減少によりコンビニはよそに移転してしまった。現在はその跡地は駐車場になっている。

ホームは島式

越美北線

越前薬師駅

えちぜんやくし

所在地　福井県福井市
開　業　1960.12.15
駅　舎　なし

駅名標

越前薬師
えちぜんやくし　Echizen-Yakushi
← みやま　えちぜんおおみや →
　　Miyama　Echizen-Ōmiya

📷 駅の背後は川、前は森林

越美北線の起点からほぼ線路に沿って流れていた足羽川は、美山駅で南に流れを変え、この駅ではその支流の羽生川が寄り添う。

その羽生川に沿って国道が走り、集落はその北側に形成されている。山と山に挟まれた狭い土地に田畑が作られ十数軒の民家があるが、飲食店などは無いようだ。

駅は集落の外れ、羽生川の南側にある。開業当初から駅舎の無い無人駅だ。ホームの端が駅の出入口になっていて、ホーム上に締切のできる待合室がある。ホームは片面で、眼前は森林のため道路も建物も一切ない。駅前にも何もないが、車が停まれる程度のスペースがある。

駅入口で線路の山側に渡ることができ、そこからの撮影もできるが、駅の背後が山なので、撮影アングルは基本的に北側からに限られる。

駅前の羽生川の対岸の国道から駅を撮影できるが、歩道が無いので走行する車に注意が必要だ。

駅から九頭竜湖方に約800メートルのところには沿線では数少ないコンビニがある。

越美北線
越前大宮駅

えちぜんおおみや
所在地　福井県福井市
開　業　1960.12.15
駅　舎　なし

駅名標

JR 越前大宮
えちぜんおおみや　Echizen-Ōmiya
← えちぜんやくし　はかりいし →
Echizen-Yakushi　Hakariishi

📷 できれば春に訪れたい

　山と山に挟まれた南北約300メートルほどの平地部に集落がある。平地部の中央部に線路が敷かれ、駅が設けられている。線路のやや北側に国道が走り、その沿線を中心に民家が建ち並んでいる。郵便局や雑貨屋があるが、コンビニや飲食店は無いようだ。

　線路の南側は田園地帯で全くといっていいほど民家は無い。羽生川が蛇行して流れ、田を潤している。

　駅は国道から50メートルほど入ったところにある。駅に通じる道は狭いが、駅前には車が数台は停められる広場がある。

　開業当初から駅舎の無い無人駅でホームは片面。ホームの端が駅の出入口になっていて、ホーム上に締切のできる待合室があり、ホームの眼前には田風景がひろがる。

　駅裏にも回ることができ、ホーム側から駅を撮影することができる。ただし、やや見上げるアングルになる。もう少し離れて田園風景越しに撮影するのもいいだろう。駅裏からは日中が順光となる。

　ホームに沿って桜の木が植えられているので、できれば春に訪れてみたい。

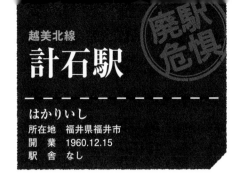

越美北線
計石駅

廃駅危惧

はかりいし
所在地　福井県福井市
開　業　1960.12.15
駅　舎　なし

駅名標

JR 計 石
はかりいし Hakariishi

← うしがはら
　 Ushigahara
えちぜんおおみや →
Echizen-Ōmiya

📷 線路と国道が並走

　越前大宮駅からつづく線路に沿った細長い平地部の終わりに近い場所に駅がある。

　駅前に国道が走り、線路・国道の北側の山沿いに民家が建ち並んでいる。また、南側にも局地的に民家が固まって建っている。駅前に雑貨屋があるが、ほかには北側・南側のどちらの集落内にもコンビニや飲食店は無いようだ。

　線路は国道と並走しており、駅は踏切を渡ってすぐのところにある。開業当初から駅舎の無い無人駅でホームは片面。駅前広場は無く、ホームの端の出入口が道路と直結している。ホーム上に締切のできる待合室がある。

　駅前の国道からホーム側を撮影するのが定番だ。なお歩道は片側にしかないので車に注意。

　反対側だと田園や畑越しに撮影できるが、建物があるのでアングルは限られる。

　国道からは日中は逆光となるが、早朝・夕方でなければとくに問題ないだろう。

　ちなみに「計石」の由来は、近くにある白山神社に保存されている「石ます」から来ているという説がある。

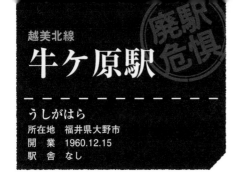

越美北線

牛ケ原駅

うしがはら

所在地　福井県大野市
開　業　1960.12.15
駅　舎　なし

駅名標

JR 牛ケ原
うしがはら Ushigahara
← きたおおの Kita-Ōno
はかりいし Hakariishi →

📷 大野盆地の入口の駅

　計石駅から東に進み、さらに山が深くなってきたな、と思ったところで、突然広大な平野が視界に飛び込む。これが大野盆地である。牛ケ原駅はそんな大野盆地に入ってほどないところにある。起点からずっと福井市に属していたが、ここからは大野市となる。

　田園地帯の真ん中にまっすぐに線路が敷かれ、その途中に駅がある。当然、駅の四方は田園風景だ。

　開業当初から駅舎の無い無人駅でホームは片面。ホーム上に締切のできる待合室が

ある。ホームの端の出入口が道路と直結し、その道路を渡ったところに駐輪場と駐車スペースがある。

　集落は駅の北側と南側の国道沿いにあるが、いずれも数百メートルの距離があるうえに、どちらにもコンビニや飲食店は無いようだ。

　毎年のゴールデンウィークには、駅の線路脇はもちろん、周辺一帯の田園に群生するシバザクラが咲き、ピンク色の絨毯を敷き詰めたようなみごと光景がひろがる。単なる田園風景越しの撮影もいいが、できればこのシバザクラとからめて撮影するのがベストだろう。

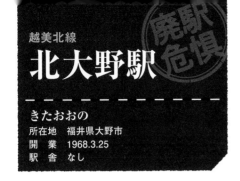

越美北線
北大野駅

きたおおの
所在地　福井県大野市
開業　1968.3.25
駅舎　なし

廃駅危惧

📷 大野市街の北の端にあたる

広大な大野盆地の田園地帯を進み、ようやく住宅地に入った、北大野駅はそんなところにある。大野市の市街地の北の端といった感じだ。

駅はタテ・ヨコにきれいに区画整理された住宅地のいちばん奥といった場所にある。

開業当初から駅舎の無い無人駅でホームは片面。ホームの中央が駅の出入口になっていて、ホーム上に締切のできる待合室がある。その待合室は同線のほかの類似駅のものよりもひとまわり大きい。広い駅前広場があり、少し離れたところには市が設置した駐車場もある。

駅の出入口がある南側は住宅地だが、北側は水田だ。ただし、その水田の向こうはやはり住宅地となっている。

駅前が広いので駅の撮影には困らないだろう。駅裏に行けばホーム側も水田越しに撮影できる。ただし1キロ近く迂回しなければならない。

この駅は、路線開業の約7年後に追加設置された比較的新しい駅であり、待合室の大きさや駐車場の設置など、開業当時のこの駅に対する市の意気込みが感じられる。

越美北線
越前大野駅
えちぜんおおの
所在地　福井県大野市
開　業　1960.12.15
駅　舎　2003.4

駅名標

📷 木造駅舎のように見えるが…

人口約3万人の大野市の代表駅だ。「北陸の天空の城」と呼ばれる越前大野城の城下町として栄え、昔ながらの建物がならぶ石畳の商店街がなどあることから「北陸の小京都」とも呼ばれている。南北に約3キロ、東西に約2キロにわたって市街地が形成され、そのほぼ中央部に駅がある。

駅舎は一見、木造に見えるが、実はこれは旧来のコンクリート駅舎の前面に付け足されたアーケードだ。「やすらぎ空間」という愛称が付けられており、城下町・越前大野の景観と調和させるため和風のデザインになっている。

駅前広場は立派なロータリーになってお

り、噴水や里芋を洗う「芋車」、雪ん子を形どった石像、石のモニュメントなどが配されている。

駅舎正面は南西を向いており、午後が順光となる。駅前広場が広いのでロータリーの中央にあるモニュメントを入れれば駅舎

駅前ロータリー

駅舎前面のアーケード「やすらぎ空間」

「やすらぎ空間」の背後にコンクリート駅舎の駅名が

「安全の鐘」

ホームは島式

全体を正面から撮ることができる。ただし、駅舎のみを撮ろうと思えば斜めから撮るしかない。なお、駅裏からの撮影は建物が建て込んでいるので難しい。

　ホームは島式。この駅で半数の列車が折り返す。通過する列車もすべて2分以上停車する。

　改札のそばにある小さな釣り鐘は「安全の鐘」といい、列車の利用者の安全を願うものだ。その鐘の隣には水が湧き出ている。大野の町はいたるところに湧水があることでも知られ、この駅の湧水も飲むことができる。

「やすらぎ空間」設置前の駅舎　開業時の建築

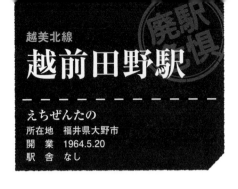

越美北線

越前田野駅

えちぜんたの
所在地　福井県大野市
開　業　1964.5.20
駅　舎　なし

駅名標

JR 越前田野
えちぜんたの　Echizen-Tano
えちぜんとみだ　えちぜんおおの
Echizen-Tomida　Echizen-Ōno

📷 大野盆地のど真ん中

　大野市の市街地を抜け、真名川を渡ると再び広大な田園地帯となる。ここはまだ大野盆地のど真ん中だ。

　この駅は、路線開業の約3年後に追加設置された。当初から駅舎の無い無人駅でホームは片面。ホームの端が駅の出入口となっており、ホーム上に締切のできる待合室がある。

　駅前の一角が墓地になっているほかは、四方は田園に囲まれており、民家は駅から数百メートル離れたところに点在している。

　駅の周りは道路が適度に走っており、駅の撮影には都合がよい。ホーム側の写真を撮る場合には墓地が邪魔だと思うかもしれないが、似たような駅が多い当路線の中で、この駅に特徴を持たせるものなので、受け入れるようにしよう。

　ホームからは南東方向に日本百名山のひとつである大野富士とも呼ばれる荒島岳を望むことができる。残雪が美しい4月がベストシーズンか。

　駅の九頭竜湖方で中部縦貫自動車道「大野油坂道路」が建設中（令和4年度開通予定）で、のどかな田園風景も変わりつつある。

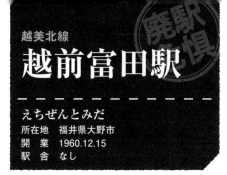

越美北線

越前富田駅

えちぜんとみだ
所在地　福井県大野市
開　業　1960.12.15
駅　舎　なし

駅名標

越前富田
えちぜんとみだ　Echizen-Tomida
← えちぜんたの　　しもゆいの →
　　Echizen-Tano　　Shimoyuino

📷 高架の県道から俯瞰できる

　ここも大野盆地の中の駅。周囲は田園地帯だが、駅のすぐそばに小学校と中学校がある。民家も駅付近にそこそこ多いが、500メートル圏内にコンビニや飲食店は無いようだ。

　路線開業と同時に開業した駅で、当初から駅舎の無い無人駅だ。ホームの端が駅の出入口となっており、ホーム上に締切のできる待合室がある。

　駅の福井方を県道がオーバークロスしており、そこから駅を俯瞰するのが、この駅の定番アングルだ。ホームに並行するように高架の県道が走っているので、さまざまな俯瞰アングルが楽しめる。

　田園地帯の駅とはいっても、駅の背後は道路の高架橋、前面は休耕地でその先には中学校の敷地の石垣が視界を遮っているため、駅から田園風景は見えない。

　ホーム側から撮影する場合は、中学校の石垣に沿っている細い道から撮影できるが、樹木や雑草がかなり邪魔になる。

　この駅からも荒島岳（大野富士）を望むことができるが、駅とからめるのは難しそうだ。

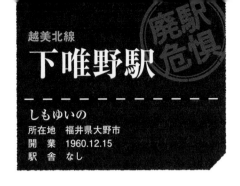

越美北線

下唯野駅

廃駅危惧

しもゆいの

所在地　福井県大野市
開　業　1960.12.15
駅　舎　なし

駅名標

JR 下唯野
しもゆいの　Shimoyuino

← えちぜんとみだ
Echizen-Tomida

かきがしま →
Kakigashima

📷 駅前の崖から俯瞰しよう

　大野盆地も終わりに近づいたが、この駅も相変わらず周囲は田園地帯だ。

　開業時から駅舎の無い無人駅で、ホームの端が駅の出入口となっており、ホーム上に締切のできる待合室がある。

　駅の北側は畑だが、ホーム脇の木に遮られているため待合室の外観を撮影するのは難しい。すぐ近くに民家が点在しているが、コンビニや飲食店は無いようだ。

　いっぽう、駅の南側は九頭竜川の河岸段丘による崖が迫っている。そのため日中は駅全体が崖の影になってしまう。ただし、その崖に沿って上り坂の道路があるので、そこから駅を俯瞰できる。

　崖を上りきると、そこにも田園風景がひろがる。駅からは見えなかった荒島岳（大野富士）も、そこからならよく見える。周囲はやはり民家が点在しているが、数百メートル内にコンビニや飲食店は無いようだ。ただし、もう少し足を伸ばせば、道の駅「越前おおの荒島の郷」がある。令和3（2021）年4月にオープンした新しい道の駅で、食事をしたり土産物を買うことができる。時間があれば行ってみたい。

越美北線
柿ケ島駅

廃駅危惧

かきがしま
所在地　福井県大野市
開業　　1960.12.15
駅舎　　なし

駅名標

JR **柿ケ島**
かきがしま　Kakigashima

← しもゆいの　　かどはら →
　 Shimoyuino　　Kadohara

📷 トラス橋が撮影スポット

　大野盆地の東の端にあり、平地が狭くなり山も近い。これから山間に分け入っていく、という感じがする。

　開業時から駅舎の無い無人駅で、ホームの端が駅の出入口となっており、ホーム上に締切のできる待合室がある。

　駅の北側は田園地帯で、数十戸の民家が集落を形成している。集落内にコンビニや飲食店は無いようだ。線路は築堤上を走っているため、ホームから集落を見渡すことができる。

　いっぽう駅の南側には九頭竜川が流れていて民家は全く無い。その向こうには日本百名山のひとつである荒島岳がそびえている。

　駅の福井方に見える鉄橋は、「第一九頭竜川橋梁」といい、のどかな田園風景と美しいトラス橋の取り合わせが絵になると、鉄道ファンや写真家の人気の撮影スポットになっている。

　なお、九頭竜川の対岸から「第一九頭竜川橋梁」を撮影するには、隣の下唯野駅から行くほうが近い。

　下唯野駅との距離は鉄道だとわずか1キロだが、間に九頭竜川があるため、道路で行く場合は迂回して約1.3キロとなる。

越美北線
勝原駅

廃駅危惧

かどはら
所在地　福井県大野市
開　業　1960.12.15
駅　舎　開業時のもの

駅名標

JR 勝原
かどはら Kadohara

← えちぜんしもやま　かきがしま →
Echizen-Shimoyama　Kakigashima

📷 桃の花が咲く4月がおすすめ

　大野盆地から外れ、いままでになかった長めのトンネルを抜け、四方を山に囲まれた場所にある。駅前に民家は無いが、少し福井方に行ったところに十数軒の民家が集落を形成している。荒島岳のふもとにあり、同山岳の登山口でもある。

　駅舎は開業当初からのブロック造りで、昭和47 (1972) 年12月まではここが越美北線の終点だった。

　駅舎正面は南側を向いており、午後が順光となる。駅前広場が広いので撮影には困らないだろう。駅前の坂を上ると駅舎を俯瞰することができる。

　駅舎内の窓口・手荷物口は板で塞がれている。

　ホームは片面。かつては転車台があり、除雪車の方向転換に使われていたという。

　駅の福井方には道路が鉄道をオーバークロスしており、ここからの俯瞰撮影も人気がある。

　駅裏は公園になっている。約150本の桃の木があり、毎年4月には、あざやかな白とピンクの花を咲かせる。列車とからめての撮影も可能であり、鉄道ファンの人気撮影スポットだ。

越美北線

越前下山駅

えちぜんしもやま
所在地　福井県大野市
開業　1972.12.15
駅舎　なし

廃駅惜

駅名標

JR 越前下山
えちぜんしもやま　Echizen-Shimoyama

← くずりゅうこ
　　Kuzuryūko

かどはら →
Kadohara

📷 高い築堤の石積みがみごと

　荒島トンネル・下山トンネルという2つの長大トンネルに挟まれ、高い築堤上にホームが設けられている。

　周囲は山に囲まれており、わずかな平地に田畑が作られ十数軒の民家が集落を形成している。

　開業時から駅舎の無い無人駅で、地上から長いスロープでホームに達する。そこには締切のできる待合室がある。

　ホームが高い場所にあるので眺めがよい。また、高い築堤のみごとな石積みは一見の価値ありだ。駅の九頭竜湖方にある九頭竜湖川を渡る橋梁は鉄道ファンの撮影スポットになっている。

　荒島岳への登山口になっているほか、約1キロ先に温泉宿泊施設があり、列車の時刻に合わせて無料バスが駅に迎えに来る。

雪で覆われ見えないが、築堤の石垣は見事だ

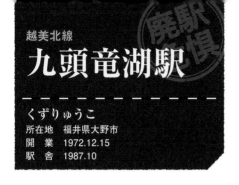

越美北線
九頭竜湖駅

くずりゅうこ
所在地　福井県大野市
開　業　1972.12.15
駅　舎　1987.10

駅名標

JR 九頭竜湖
くずりゅうこ　Kuzuryūko
えちぜんしもやま →
Echizen-Shimoyama

📷 観光の玄関口を意識した駅舎

　越美北線の終点。四方を山に囲まれているが付近に公共施設や民家が多いので、あまり山奥という感じはしない。駅の隣に道の駅とコンビニがあるので、食事にも困らない。

　開業時はブロック造りの駅舎だったが、後に九頭竜湖観光の玄関口としてふさわしい現在のログハウス風の駅舎に改築された。

　駅舎正面は南側を向いており、日中は順光となる。駅前広場が広いので撮影には困らないだろう。ただし、駅前は駐車場になっ

ているので車が邪魔になるかもしれない。

　駅舎内もログハウス風。窓口があり、観光地らしくコインロッカーもある。ホームは片面。

　駅裏にまわることができ、ホーム側からも撮影できる。ホームが狭くて駅名標が撮影できないときは、この駅裏から撮影しよう。SL28651号機も保存されている。

　「九頭竜湖」という駅名は、九頭竜ダム・九頭竜湖観光の玄関口という意味だが、それらは駅から約5キロ離れている。現在は路線バスも運行していないようなので注意が必要だ。

肥薩線
段駅

だん
所在地　熊本県八代市
開　業　1931.4.1
駅　舎　なし

駅名標

📷 いろんな角度から俯瞰できる

　市街地の広がる八代平野を外れ、山が迫る場所にあるが、住宅は多い。ただし、コンビニや飲食店は無いようだ。

　以前はホームの端に駅舎があったが、昭和63（1988）年に撤去され、現在はホーム上に待合室があるだけ。ホームは島式だが、片面のレールは撤去されている。令和2年7月豪雨では、この駅には被害はなかった。

　駅の八代方で道路が線路を跨いでおり、そこから駅を俯瞰できる。また、駅の西側に流れている球磨川沿いに走る県道からも駅を俯瞰できる。さらに、駅の東側の道路からは、駅のホームと球磨川を一緒に収めることができる。

現在の待合室は新しくなっている

※八代～吉松駅間は令和2（2020）年7月3～4日の豪雨災害（令和2年7月豪雨）の影響で運転を見合わせている。

肥薩線
坂本駅

廃駅危惧

さかもと

所在地　熊本県八代市
開　業　1908.6.1
駅　舎　開業時のもの

駅名標

📷 流失は免れたが…

古そうな駅舎は明治41年の開業時のものといわれている。現在の所在地は八代市だが、平成17（2005）年8月までは「八代郡坂本村」だった。

平成20（2008）年11月に無人化され、駅舎内には地元の小中学生や高齢者の作品が所狭しと展示されていた。

山と川に挟まれて平地は狭いが、近くに銀行や郵便局があり、村の代表駅としての活気があった。ただし、坂本集落の中心部は1.5キロほど山に入ったところになる。

駅前広場は広く駅舎撮影には支障はな

かったが、タクシーが停まっていることが多く気になる方がいたかもしれない。広場の片隅には東屋があり、夏場の休憩にうってつけだった。

駅前ロータリー

地元住民の作品が展示されていた駅舎内

同左

改札口をホーム側から

ホーム側から見た駅舎

　ホームは対向式だが跨線橋は無く反対側ホームへ行くにはホームの端まで迂回しなければならなかった。駅裏の道路からは駅を俯瞰することができた。

　「令和2年7月豪雨」では、駅舎は流失は免れたものの、天井近くまで浸水した。駅舎内の数々の展示品もすべて流されたようだ。線路にも濁流が押し寄せ、土砂で埋まった。駅前後の線路では路盤の流失も起こっている。

　駅前の建物も軒並み被害を受け、その後、ほとんどが撤去されている。球磨川にかかっていた橋も流され、標高の高い集落の中心部あたりでも被害は大きかったようだ。

　被災後、周辺の復旧のため線路が土砂で埋められ、工事用車両の道路となっている。

ホームは対向式

駅裏の道路から俯瞰

肥薩線
葉木駅

廃駅危惧

はき
所在地　熊本県八代市
開業　　1942.12.21
駅舎　　なし

駅名標

はき
HA KI
葉木
(熊本県八代市)

かませ　　　さかもと
KAMASE　　SAKAMOTO

📷 駅に大きな被害はなかった

　集落を南に外れた民家のないところにある駅だ。駅舎は解体され平成28 (2016) 年3月に現在のベンチがあるだけの簡素な待合所に改築された。ホームは片面で目の間に山が迫っている。

　駅前は道路があるだけなので狭く、広角レンズでないと駅全体を正面から収めるのは難しい。道路に沿って球磨川が流れ、すぐそばにカヌーを楽しむためのボートハウスがあったが、荒瀬ダムが撤去されて川の水量が減ったため施設は解体され駐車場になっている。

　「令和2年7月豪雨」では駅自体に大きな影響はなかったが、その前後では路盤流出などの被害が出ている。

　道路では球磨川を渡る葉木橋は流失を免れたが、その前後の道路は路肩が崩れるなどの被害を受けている。

ホームは片面

肥薩線
鎌瀬駅

廃駅危惧

かませ
所在地　熊本県八代市
開　業　1952.6.1
駅　舎　なし

駅名標

かませ
鎌　瀬
KAMASE
（熊本県坂本村）
標高三八米二一〇
せといし　　はき
SETOISHI　HAKI

📷 球磨川第一橋梁の復旧なるか

　ここも球磨川と山に挟まれているが、や
や高い位置に駅がある。民家の裏に隠れる
ような場所にホームがあり、人吉方の踏切
から線路沿いに50メートルほど進んで
ホームに達する。駅舎は無く、ホーム上に
簡素な待合所があるだけだ。

　民家に遮られて駅の外観を撮るのは難し
いが、駅前の山の斜面の道路からホームを
俯瞰することができる。

　駅前の球磨川沿いに民家はわずか、人吉
方の高台にも数軒の民家がある。さらに山
の中腹にもまとまった集落があるが、駅か
らはかなり迂回しなければならない。

　「令和2年7月豪雨」では駅のホームや待
合所の流失はなかったが、線路まで濁流が
押し寄せた。周辺の被害は大きく、球磨川
沿いに建っていた民家では後に解体された
ところも多くある。

　200メートルほど人吉方にある「球磨川
第一橋梁」は鉄道ファンの有名撮影地とし
て知られていた。しかし「令和2年7月豪
雨」により、一部を残して流失してしまっ
た。この橋梁の多額の復旧費用が肥薩線存
続のネックのひとつとなっている。

肥薩線
瀬戸石駅

廃駅
危惧

せといし
所在地　熊本県八代市
開　業　1910.6.25
駅　舎　なし

駅名標

せといし
SETOISHI
瀬戸石
（熊本県坂本村）

◀ かいじ
KAIJI

かませ ▶
KAMASE

📷 災害により全壊…復活なるか

　広い駅前広場があるが、線路の脇まで山が迫り、球磨川もすぐそばを流れている。駅前に民家が1軒あるが、その周辺にはほとんど民家はない。

　明治時代に開業した歴史のある駅だがたびたび災害に見舞われてきた。昭和40（1965）年7月に集中豪雨により駅舎が流失、翌年3月に駅舎が再建されたが、昭和57（1982）年7月に再び集中豪雨により駅舎が流失した。その後、仮駅舎が建てられたが、昭和62（1987）年12月に撤去されたあとは駅舎が無い状態だった。

　「令和2年7月豪雨」では駅構内の路盤が流出し、ホーム・待合室とも全壊する壊滅的な被害を受けた。利用者の少なさから肥薩線が復旧しても当駅は廃止される可能性がある。

ホームは島式で列車交換が行われていた

肥薩線
海路駅
かいじ
所在地　熊本県葦北郡芦北町
開　業　1952.6.1
駅　舎　なし

駅名標

かいじ
KA I JI
海 路
（熊本県芦北町）
よしお　　　せといし
YOSHIO　　SETOISHI

📷 ホームから球磨川を見下ろせる

　山と球磨川に挟まれた駅だ。駅前に道路があるが、線路の脇まで山が迫り、平地はほとんど無い。駅前には何も無いが、人吉方に100メートルほどのところに数軒の民家がある。また、そこから平谷川に沿った山側にも民家が点在している。

　駅舎・駅前広場は無く、踏切から伸びている通路でホームに達する。ホーム上には簡素な待合所がある。ホームからは水を湛えた球磨川を見下ろせ、たいへん絵になる。対岸に渡りたいところだが橋は2キロ以上先まで無い。

　「令和2年7月豪雨」では、ホームや待合所の流失はなかったが、濁流が押し寄せ路盤の一部は流失した。周辺の被害も大きく、球磨川沿いの民家はすべて全壊している。

ホームは片面

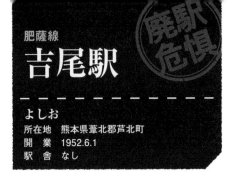

肥薩線
吉尾駅
━━━━━━━━━━━━━━━━
よしお

所在地 熊本県葦北郡芦北町
開　業 1952.6.1
駅　舎 なし

駅名標

よしお
YOSHIO
吉尾
（熊本県芦北町）

◀ しろいし
SHIROISHI

かいじ ▶
KAIJI

📷 いっそう見応えある球磨川

　海路駅とほぼ同じ立地で、山と球磨川に挟まれ駅前に道路がある。駅の周りに平地は無く人吉方に100メートルほどのところに数軒の民家がある。

　駅舎・駅前広場は無く、ホームの端から50メートルも離れた踏切が駅の入口になっている。ホーム上には簡素な待合所がある。ホームからは球磨川を見下ろせるが、海路駅よりも高い位置にあるため景色はよりいっそうすばらしい。対岸への橋はやはり2キロ以上先まで無い。

　「令和2年7月豪雨」では、ホームや待合所の流失はなかったが、濁流が押し寄せ待合所の壁は破壊された。吉尾川沿いある吉尾温泉の旅館は、豪雨被害でいったんは休業に追い込まれたが、現在は営業を再開している。

ホームは片面。道路よりも高い位置にある

肥薩線

白石駅

しろいし

所在地　熊本県葦北郡芦北町
開　業　1908.6.1
駅　舎　開業時のもの

駅名標

しろいし
SHIROISHI
白　石
(熊本県芦北町)

◀ よしお
YOSHIO

きゅうせんどう ▶
KYŪSENDŌ

📷 駅舎は無事だったが構内は…

　山と球磨川に挟まれた駅で、わずかな平地にかろうじて駅舎が建っているという感じだ。駅前広場は無く駅前はすぐ道路になっている。その道路の向こうは球磨川だ。

　駅付近に民家は無く、人吉方に約500メートル進んだところにわずかに戸数が固まっている。むしろ川の対岸の国道沿いのほうが民家は多い。

　駅舎は明治時代の建築。たいへんに味のある駅舎だが駅前が狭いため正面から全体を収めるのはほぼ不可能だ。駅舎内は広い待合スペースに天井も高く開放的だ。窓口や手荷物口は塞がれているが、外壁と同じような木材を使用しているため雰囲気は悪くない。

　ホームは対向式で線路は3線。立地のわりに構内は広く、ホーム側からなら駅舎全体をカメラに収めることができる。

　「令和2年7月豪雨」では、幸いにも駅舎に被害は無かった。しかし、やや八代方にある対岸に渡る道路橋は流失し、人吉方の集落も水没してしまった。復旧にあたり、3線あった線路のうち真ん中の線路がアスファルトで固められ工事用道路になっている。

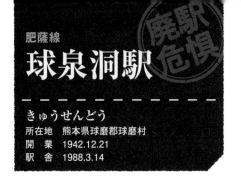

球泉洞駅

廃駅危惧

きゅうせんどう

所在地　熊本県球磨郡球磨村
開　業　1942.12.21
駅　舎　1988.3.14

駅名標

きゅうせんどう
KYŪSENDŌ
球泉洞
（熊本県球磨村）

◀ しろいし　SHIROISHI
いっしょうち ISSHŌCHI ▶

📷 鍾乳洞は再開したが…

　山の急斜面に設けられた駅。以前はまるで立地をそのまま表したような「大坂間（おおさかま）」という駅名だったが、昭和63（1988）年3月に現駅名に改称された。駅舎は改称を機に改築されたもので、木材は地元から無償で提供されたものだという。

　駅前広場は無く、すぐ道路に面している。食堂と商店、わずかなスペースの駐車場・駐輪場があるほかは付近に民家は無い。道路の向こうは球磨川で、渓谷のような美しい光景がひろがる。

　駅舎内には待合スペースがあるだけで窓口は無い。トイレが別棟で隣接し、ホームは片面で山の斜面が迫っている。

　「令和2年7月豪雨」では、駅舎はほぼ全壊してしまい、路盤も流失するなど大きな被害を受けた。

　駅前の食堂・商店も被災し、後に解体・撤去されている。やや人吉方にあった道路橋も流失した。

　駅名となった鍾乳洞「球泉洞」は球磨川の対岸約1キロのところにある。ここも「令和2年7月豪雨」の被害で休業に追い込まれたが、1年9か月後の令和4（2022）年4月に営業再開している。

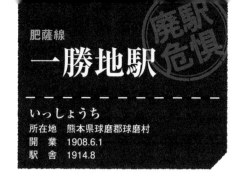

肥薩線
一勝地駅

いっしょうち
所在地　熊本県球磨郡球磨村
開　業　1908.6.1
駅　舎　1914.8

📷 大正3年築の瀟洒な駅舎

　ここも山と球磨川に挟まれた立地だが駅の周りにも民家が集中し郵便局などがあって生活感を感じる。やや八代方の芋川沿いにも多くの民家がある。

　開業時の駅舎が大正3（1914）年4月に焼失し同年8月に再建されたのが現在の駅舎だ。駅事務室はJAの支所になっている。「一勝」という縁起のよい駅名のため入場券がよく売れている。球磨村役場は球磨川の対岸にある。

　駅前は広くはないが工夫すれば駅舎全体を収めることができるだろう。ホームはも

と2面3線だが、1線が廃止され2面2線になっている。

　「令和2年7月豪雨」では、駅は高い場所にあるため被害はなかった。球磨川にかかる球磨橋も流失を免れ、周辺の民家も被害は少なかったようだ。

駅名の由来を記した駅名標

肥薩線

那良口駅

ならぐち

所在地　熊本県球磨郡球磨村
開　業　1910.6.25
駅　舎　1979.3.25

駅名標

ならぐち
那良口
NARAGUCHI
（熊本県球磨郡）

わたり　　　　いっしょうち
WATARI　　　ISSHŌCHI

📷 木材の積み出し駅として開業

　ほかの駅と同様に、山裾かつ球磨川の河畔に設けられている。駅前広場は無いに等しく、出口は県道に面している。駅前に建物は無く、200メートル人吉方を流れる那良川沿いに民家が点在している。ちなみに「那良口駅」という駅名は鉄道の開通時に「那良川の河口」ということから付けられたそうだ。

　貨物駅として開業し、官営製材所の積み出し駅として栄え、3年後の大正2（1913）年3月に旅客扱いが開始されている。有人駅で木造駅舎があったが、無人化されたのち、昭和54（1979）年3月に現在のコンクリートの駅舎に改築された。

　駅舎は待合所部分とトイレで構成されている。待合所部分はベンチがあるだけでホーム側には壁が無く、冬は寒そうだ。

　ホームは片面で、線路の向こうに球磨川が流れているが、樹木や雑草に遮られ川面は見えにくい。

　「令和2年7月豪雨」では、ホームや待合所の流失はなかったが、濁流が押し寄せホームや路盤の一部が損壊した。また那良川も増水し付近の住宅に被害が出ている。

肥薩線

渡駅

廃駅危惧

わたり
所在地　熊本県球磨郡球磨村
開　業　1908.6.1
駅　舎　なし

駅名標

📷 豪雨被害により駅舎全壊

　駅のある場所は山が迫っているが、その東西はある程度の平地があり集落が形成されている。

　開業時に建てられた木造駅舎が存在していた。ただし、内部は改装されて地元商工会の施設になり、駅施設としては駅舎の右端の軒下に部屋が造られ待合室として使用されていた。

　「令和2年7月豪雨」では、駅舎が使用不能になるほどの大きな被害を受けたため翌年1月に解体されてしまった。周辺の民家も多くが被災し解体が進んでいる。また、

八代方に約1キロのところに鉄道ファンの撮影スポットとして有名である「第二球磨川橋梁」があったが、これも流失してしまった。橋桁を2.5メートル高くして復旧させる計画になっている。

旧駅舎にはレトロな駅名標があった

肥薩線

西人吉駅

にしひとよし

所在地　熊本県人吉市
開業　1952.6.1
駅舎　なし

廃駅危惧

駅名標

にしひとよし
NISHI-HITOYOSHI
西人吉
（熊本県人吉市）

← わたり
WATARI

ひとよし →
HITOYOSHI

📷 駅は簡素だが周辺はにぎやか

八代を出発して以来、山深かった視界が一気に開ける。人吉盆地だ。今まで線路に寄り添ってきた球磨川も南に流れを変え、線路から遠ざかって行く。

そんな人吉盆地に入り、しばらく進んだところに西人吉駅はある。ここは人口約3万人の人吉市の市街に入っている。周辺にはスーパー、コンビニ、飲食店などがある。

そういうにぎやかな場所にありながら駅は簡素だ。駅舎は無くホームは片面。待合所もいたってシンプルだ。

駅の八代方では道路が線路を跨いでおり、そこから駅を俯瞰できる。また、駅付近では線路沿いに桜の木が植えられており、春には桜のトンネルとなることから肥薩線の撮影名所のひとつになっている。

「令和2年7月豪雨」では、駅やその周辺に被害は無かったようだ。ただし、球磨川の氾濫により市内では広範囲にわたって浸水や冠水が発生した。

人吉駅では駅舎の浸水は免れたものの駅舎の手前まで冠水し、浸水の一歩手前だった。しかしながら車両基地は水没してしまったという。1日も早い復旧を願う。

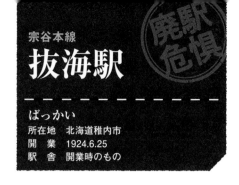

宗谷本線
抜海駅

ばっかい

所在地　北海道稚内市
開　業　1924.6.25
駅　舎　開業時のもの

駅名標

📷 日本最北の木造駅舎

　広大な牧草地に囲まれ、周辺に民家はわずか。駅前の通りを1キロほど進み道道に合流すると目の前に原野がひろがり、天気がよければその向こうに利尻富士を望むことができる。さらに南西側に1.3キロほど行くとそこが抜海の集落だ。郵便局や宿泊施設があるが、コンビニや飲食店は無いようだ。

　駅舎は駅舎は開業時のもの。窓口や手荷物口は板で塞がれている。ホームは対向式で跨線橋は無い。

　駅舎正面は西側を向いており、午後が順光となる。駅前には何も無いのでアングル

には困らない。

　利用者の増加が見込めないとして駅を廃止する方針が示されたが、住民の意見を受け令和6（2024）年3月までは存続することになった。

対向ホーム側から見た駅舎

宗谷本線
筬島駅

おさしま

所在地　北海道中川郡音威子府村
開　業　1922.11.8
駅　舎　1986ごろ

おさしま
筬島
Osashima
おといねっぷ　　　さく
Otoineppu　　　Saku

駅名標

📷 駅は存続して行きたいが…

　山に囲まれ平地は狭く、民家もわずかしかない。平地の大部分は農地になっている。

　駅舎は昭和末期ごろに木造駅舎から貨車駅に改築された。平成27（2015）年5月にリニューアルされて現在は外装が変更されている。

　駅舎正面は南西を向いており、午後が順光となる。駅前が広いのでアングルには困らない。ホームは片面で、目の前は森林だ。

　利用者がたいへん少ないことから、JR北海道から廃止の意向が示されている。音威子府村は鉄道や駅は「みんなが利用するも

の」との考えからふるさと納税などの寄付金を募り駅を存続して行きたいとしている。しかし、将来的にどうなるかは不明だ。

貨車駅舎の隣には木造駅舎の基礎が残る

宗谷本線
咲来駅

さっくる

所在地　北海道中川郡音威子府村
開　業　1912.11.5
駅　舎　平成初期？

廃駅危惧

📷 駅前に元日本通運の営業所

山間にありながら平地は広く、駅の西側に市街地を形成しており、そう遠くない場所に飲食店もある。

開業時は立派な木造駅舎が建っていたが昭和61（1986）年11月に無人化され貨車駅に置き換えられた。その後、平成初期ごろに現在の待合室に建て替えられている。現在のホームは片面だが、以前はホームが2面、千鳥式に配置されていた。

かつては木材の積み出し駅として栄え、駅裏には広いストックヤードがあった。駅前にあった日本通運の営業所は、改装され

て夏季のみ営業のライダーハウスとなっている。

JRから廃止の意向が示されたが、筬島駅と同じく音威子府村の負担で駅を存続することとしている。

平成初期に建てられた待合室

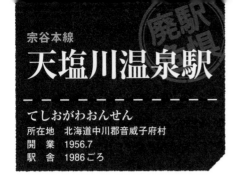

宗谷本線
天塩川温泉駅

てしおがわおんせん

所在地　北海道中川郡音威子府村
開　業　1956.7
駅　舎　1986ごろ

駅名標

てしおがわおんせん
天塩川温泉
Teshiogawa-onsen
とよしみず　　　さっくる
Toyoshimizu　　Sakkuru

📷 温泉施設の最寄り駅だが…

　仮乗降場の「南咲来（みなみさっくる）」として開業し、昭和56（1981）年7月に駅のある音威子府村の請願により「天塩川温泉」に改称した。民営化時に正駅に昇格している。

　駅の周辺は農地で付近にほとんど民家はないが、駅から約800メートル離れたところに駅名のもととなった天塩川温泉の温泉施設「住民保養センター」があり、日帰り入浴はもちろん、レストランでの食事や宿泊もできる。

　駅のホームは1両分の長さしかない板張りの片面ホームで、いかにももと仮乗降場のスタイルだ。待合室は平成元（1989）年に「住民保養センター」が新築されたのを機に造られたという。

　JRが示した「極端にご利用の少ない駅」のうち、音威子府村内の3駅（筬島駅、咲来駅、天塩川温泉駅）のひとつで、JRの廃止したいという意向に対し、「駅から徒歩で温泉に訪れる旅行客もおり、わずかながらこういった観光需要もある」とし、音威子府村は維持費を自治体で負担し、駅を存続することとしている。しかし、今後の動向によっては廃止されてもおかしくない危うさを秘めている。

石北本線
廃駅危惧

瀬戸瀬駅

せとせ
所在地　北海道紋別郡遠軽町
開　業　1927.10.10
駅　舎　1988.11

駅名標

せとせ
瀬戸瀬
Setose
まるせっぷ　しんさかえの
Maruseppu　Shin-sakaeno

📷 廃止は時間の問題か？

南北を山に挟まれ、線路沿いに平地が続いている。駅の北側に小規模な集落を形成している。集落内に郵便局があるが、コンビニや飲食店は無いようだ。平地の大部分は農地が占めている。

開業時は木造駅舎があったが、無人化されて5年後の昭和63 (1988) 年11月に待合スペースと倉庫・トイレから成る簡易な駅舎に改築された。

ホームは対向式。停車する列車は上り・下りとも1日3本ずつしかないが、跨線橋があるところはさすが特急列車の運行路線といったところか。かつては貨物も扱い留置線もあったが、現在ではその痕跡を見つけるのは難しい。

駅舎正面は北側を向いており、日中は正面が影になってしまう。駅前は未舗装のロータリーになっていて、駅舎の撮影に邪魔になるような建物は無い。

1日の利用客が1〜2人と少ないことからJRは廃止したい意向を示したが、遠軽町は高校への通学利用が見込まれるとしてこれを拒否した。そして、令和3 (2021) 年4月からは町による維持管理に移行している。しかし、通学利用が無くなったときどうなるかは未定である。

釧網本線

細岡駅

ほそおか

所在地　北海道釧路郡釧路町
開　業　1927.9.15
駅　舎　1993.6.1

📷 湿原と釧路川を堪能できる

釧路湿原の原野に囲まれ周辺に民家はほとんどない。駅のすぐそばを釧路川が流れ、近くにカヌーステーションがあり釧路川のカヌー体験が楽しめるのだが、この駅を利用する客はほとんどいない。平成初期には1日15人程度の観光利用があったため、ログハウス風のきれいな駅舎に建て替えられたのだろう。

隣の釧路湿原駅までは2.5キロほどだが、その道中に釧路川と原生林の美しい景色を堪能することができる。釧路湿原駅からは徒歩10分で細岡展望台に行くことができ、釧路湿原の雄大な景色を一望できる。

令和5（2023）年からは冬季間は全列車が通過となる。このまま廃止に向かわなければよいのだが。

ホームは片面

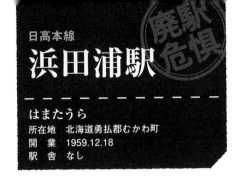

日高本線

浜田浦駅

廃駅危惧

はまたうら

所在地　北海道勇払郡むかわ町
開業　1959.12.18
駅舎　なし

駅名標

📷 平原が広がるが景色は…

　周辺は農地または工場の敷地しかない。太平洋が近いが、お世辞にも風光明媚と呼べるような景色ではない。

　隣の鵡川駅は市街地にあり、反対方向の浜厚真駅には公園やフェリーターミナルなどがあるが、この駅の近くにはそのような一般利用できる施設はなにもない。とはいえ、広大な平原にポツンとたたずむ小さな駅というのはなかなか絵になる。

　利用客のターゲットである田浦地区は駅の北側一帯だが、戸数自体が少ないうえに、鵡川駅と距離的に大差ないことから、この駅の利用客がたいへん少ないのだと考えられる。

　むかわ町との説明会にて住民側との合意が得られ、令和5（2023）年3月18日に廃止されることになった。

ホームは片面

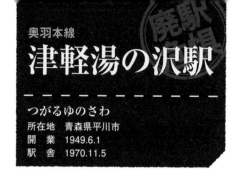

奥羽本線
津軽湯の沢駅

つがるゆのさわ
所在地　青森県平川市
開　業　1949.6.1
駅　舎　1970.11.5

駅名標

津軽湯の沢
つがるゆのさわ
陣場　　　碇ケ関
Jimba　　Ikarigaseki
Tsugaruyunosawa

📷 冬季通過駅となり将来は？

　奥羽本線で青森県最南端の駅。隣の陣場駅は秋田県となる。

　周りを山に囲まれて、駅からは民家は見えず秘境感がただよう。民家は駅から少し離れたところに点在している程度だが、1キロほど北にまとまった集落がある。ただし、コンビニや飲食店は無いようだ。

　現在の駅舎は昭和45（1970）年の奥羽本線・陣場〜津軽湯の沢間の複線化に伴い現在地に移転したときに建てられたもの。旧線は現在地より東側を走っており、南に約200メートルのところに旧駅があった。

　駅舎は正面より奥行きのほうが幅が広いという珍しい形状だ。駅前はすぐ道路に面して狭く、駅舎全体を正面から撮影するのは困難だ。

　平成30（2018）年12月1日から冬季通過駅となった。以降は毎年12月1日から翌年3月31日まで全列車が通過している。北上線の平石駅と矢美津駅が冬季通過駅となった数年後に廃止されていることから、この津軽湯の沢駅も近いうちに廃止されることが危惧される。

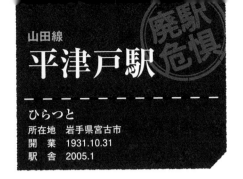

山田線
平津戸駅
廃駅危惧

ひらっと
所在地　岩手県宮古市
開　業　1931.10.31
駅　舎　2005.1

駅名標

📷 全列車が通過してしまう

　周囲を山に囲まれ、付近に民家もわずかしかないという秘境感がただよう駅だ。駅前の国道は以前は交通量が多かったが、令和3（2021）年3月に北側の山中にバイパスとなる宮古盛岡横断道路が開通してからは交通量は激減し、秘境感がさらに強まった。

　駅舎は待合室のみの機能しかない簡素なもの。駅舎正面は南を向いており、日中は順光となる。駅前広場が広いのでアングルに困ることはないだろう。

　すぐ脇に保線職員の休憩室がある。ホームは片面だが、引き込み線がある。

　利用客数がたいへん少ないことから、令和4（2022）年3月12日のダイヤ改正より全列車が通過となり、1年後の令和5（2023）年3月のダイヤ改正で廃止されることとなった。

旅客線は1線だが引き込み線がある

仙山線

奥新川駅

廃駅危惧

おくにっかわ

所在地　宮城県仙台市
開　業　1937.11.10
駅　舎　1985.10

駅名標

おくにっかわ
奥　新　川
OKUNIKKAWA
（仙台市青葉区）　仙

さくなみ
SAKUNAMI

おもしろやまこうげん
OMOSHIROYAMA-KOGEN

📷 かつてはレジャーの駅だった

深い山に囲まれた豪雪地帯にある。ハイキングやキャンプなどを楽しめる駅として人気があったが、利用客の減少により、キャンプ場・ハイキングコースが閉鎖された。駅前の食堂も現在は営業しているかどうか分からない。

駅は道路のどん詰まりのようなところにあり、車ではこれ以上、山形方面に進むことは不可能だ。

駅舎はコンクリート造りで内部には窓口の跡がある。ホームは対向式。

列車が雪を抱え込んで起動不能になることがあるため、令和4（2022）年から冬季間に一部の列車が通過するようになった。奥羽線の赤岩駅が同じく冬季通過から休止、廃止という経緯をたどっていることから、奥新川駅も同じ運命になるのではと危惧される。

駅前の食堂は現在も営業しているかは不明

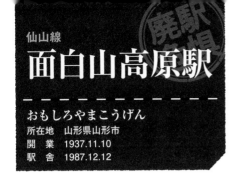

面白山高原駅

おもしろやまこうげん
所在地　山形県山形市
開　業　1937.11.10
駅　舎　1987.12.12

駅名標

おもしろやまこうげん
面白山高原
OMOSHIROYAMA-KOGEN
（山形県山形市）

おくにっかわ　　やまでら
OKUNIKKAWA　　YAMADERA

📷 スキー場に直結していた

「面白山仮乗降場」として開業、昭和63（1988）年3月に正駅となると同時に現駅名に改称した。深い山に囲まれ、付近に民家は無いが、駅からほど近いところに旅館を兼ねた食堂がある。

駅舎は8角形のおもしろい形で窓口の跡が残っている。ホームは片面で、駅前の道路から俯瞰することができる。

駅から約600メートルのコスモス畑が有名だが駅からも美しい渓谷を眺めることができる。駅に直結していたスキー場は施設の老朽化により平成21（2009）年以降は営業休止となっている。

奥新川駅と同じ理由で令和4（2022）年から冬季間は一部の列車が通過することとなった。今後の去就が心配される。

駅のすぐそばは渓谷になっている

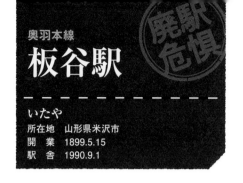

奥羽本線
板谷駅

廃駅危惧

いたや
所在地　山形県米沢市
開　業　1899.5.15
駅　舎　1990.9.1

駅名標

📷 旧駅舎・旧ホームが残る

　福島県との県境に近い山奥にあるが、集落には郵便局もありそれほど寂れた感じはしない。板谷鉱山の立派な工場もある。

　もとスイッチバックの駅で、ミニ新幹線化による改軌工事に伴い、平成2（1990）年9月に本線上にホームを移転した。それにより列車に乗るには旧駅から約300メートル移動しなくてはならなくなった。

　新ホームはスノーシェッドに覆われログハウスの待合室が設けられている。スイッチバック時代に使用していた引き込み線やホーム・駅舎も残っているのがこの駅のお

もしろいところ。

　令和5（2023）年1月から冬季間は全列車通過となった。数年内に廃止される可能性がある。

旧駅舎と旧ホーム

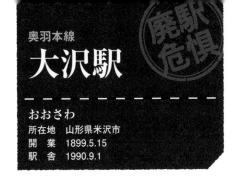

奥羽本線
大沢駅
廃駅危惧

おおさわ
所在地　山形県米沢市
開　業　1899.5.15
駅　舎　1990.9.1

駅名標

大　沢
おおさわ
峠　　　関根
Tōge　Ōsawa　Sekine

📷 旧ホームで遺構探し

　山深い場所にある駅で集落に民家はわずか。板谷駅と同時期にスイッチバックを廃止しホームを移転した。

　集落のそばにある旧駅から線路に沿って5分程歩いてようやくスノーシェッド内にあるホームにたどり着く。ホーム全体がスノーシェッドで覆われていて、ホーム上に小さな待合室が設置されている。

　スイッチバック当時のホームには朽ち果てた駅名標が建っている。旧駅舎も残っているが、当時を知らないと駅舎だとは気づかないかも知れない。給水塔なども残っているので遺構を探してみよう。

　板谷駅と同じく令和5（2023）年1月から冬季間は全列車通過となり、先行きが不安だ。

旧ホーム上に建つ旧駅舎

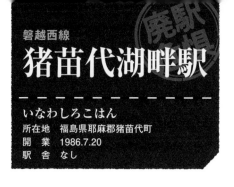

磐越西線

猪苗代湖畔駅

いなわしろこはん
所在地　福島県耶麻郡猪苗代町
開　業　1986.7.20
駅　舎　なし

駅名標

いつ廃止されてもおかしくない

　猪苗代湖へのレジャー客の利用を目的として夏季のみに営業する臨時駅として開業した。駅前の国道を渡るとすぐレストラン・土産物屋など並び、その向こうに猪苗代湖が広がっている。

　このように観光に好立地でありながら利用客が少なく、平成19 (2007) 年以降、停車する列車は無く休止状態になっている。簡易なきっぷ売場があるが、使用実績はあまりないようだ。ホームへの入口にはロープが張られている。老朽化して危険なのでホームへの立ち入りは控えよう。

　停車する列車が無いので、訪問は国道を使って行くしかないが、その場合は「栄光の女神像」が駅の目印となる。

　休止から15年が経過し、いつ廃止されてもおかしくない状況だ。

駅の入口に立つ「栄光の女神」

第3章

最近廃止された
路線・駅

石沼線
石狩金沢駅

いしかりかなざわ
所在地　北海道石狩郡当別町
開　業　1935.10.3
廃　止　2020.5.7

　かつては木造駅舎があったが、昭和54（1979）年2月に
無人化され、国鉄末期ごろに貨車駅に改築された。
　周辺に民家はわずか。背後は広大な石狩平野の田園地
帯で、4車線の立派な国道が走っていたが、そちら側に
出口は無かった。廃止後、貨車駅舎は撤去された。

札沼線
本中小屋駅

もとなかごや
所在地　北海道石狩郡当別町
開　業　1935.10.3
廃　止　2020.5.7

　かつては木造駅舎があったが国鉄末期ごろに貨車駅に
改築された。広大な石狩平野の田園地帯にあり4車線の
立派な国道から少し入ったところにあった。周辺に民家
はわずか。駅裏約1キロのところに中小屋温泉があった。
　廃止後、貨車駅舎は撤去された。

中小屋駅

なかごや
所在地　北海道石狩郡当別町
開　業　1935.10.3
廃　止　2020.5.7

　かつては木造駅舎があったが、昭和54（1979）年2月に無人化され、国鉄末期ごろに貨車駅に改築された。
　駅裏となる駅の西側は森林地帯、反対の東側にはなだらかな丘陵が望める。駅前には郵便局と廃商店ぐらいしかなかった。廃止後、貨車駅舎は撤去された。

月ヶ岡駅

札沼線

つきがおか
所在地　北海道樺戸郡月形町
開　業　1958.7.1
廃　止　2020.5.7

　駅前は公園になっている。平成4（1992）年に待合室が焼失したため、翌年にログハウス風の公園休憩所が造られた。平成30（2018）年6月に改修され特産品販売所が設けられたが、その2年後に駅が廃止された。廃線跡を利用してこの駅からトロッコを走らせる計画がある。

札沼線
知来乙駅

ちらいおつ
所在地　北海道樺戸郡月形町
開　業　1958.7.1
廃　止　2020.5.7

　駅の周囲は農地。付近に集落は無く民家が点在している。ホームは片面。ホームの入口からやや離れたところに木造の小さな待合室があった。

　廃止後の令和3(2021)年7月に待合室が解体され、令和4(2022)年9月にはホームが解体された。

札沼線
石狩月形駅

いしかりつきがた
所在地　北海道樺戸郡月形町
開　業　1935.10.3
廃　止　2020.5.7

　月形町役場の最寄り駅で周辺は市街地。駅舎は昭和32(1957)年8月改築で、入口上部の三角はあとから付けられたもの。ホームは島式で、過去にはこの駅を始発・終着とする列車もあった。

　廃止後の令和4(2022)年末に駅舎は解体された。

札沼線
豊ヶ岡駅

とよがおか
所在地　北海道樺戸郡月形町
開　業　1960.9.10
廃　止　2020.5.7

　平坦な地形を走る線内では珍しく、周囲を木々に囲まれ独特の雰囲気を持っていた。駅から民家は見えず、林を抜けても民家はわずかだった。駅へ通じる道は未舗装だった。

　木造の待合室があり、やや離れたところにホームがあった。

　廃止後の令和3（2021）年7月に待合室は解体されたが、ホームは町により保存される予定だという。

札沼線
札比内駅

さっぴない
所在地　北海道樺戸郡月形町
開　業　1935.10.3
廃　止　2020.5.7

　駅前の国道に沿って集落が形成され、広い駅前広場があり駅舎の隣に新しいトイレが建っていた。駅舎はおそらく開業時のものだが、当初に比べると左側の一部が解体され小さくなっている。廃止後の令和4（2022）年11月時点では駅舎は解体されず残っている。

札沼線
晩生内駅

おそきない
所在地　北海道樺戸郡浦臼町
開　業　1935.10.3
廃　止　2020.5.7

　駅を中心に小規模な集落が形成されていた。駅前の道路が広いのが特徴的。駅裏に国道が通り、その向こうは広大な田園地帯。駅舎はおそらく開業時のものだが、当初に比べると右側の一部が解体され小さくなっていた。
　廃止後の令和3（2021）年5月に駅舎は解体された。

札沼線
札的駅

さってき
所在地　北海道樺戸郡浦臼町
開　業　1960.9.1
廃　止　2020.5.7

　駅前周辺に十数件が点在。駅裏は防雪林、駅前は広大な田園地帯。ささやかな駅前広場的なスペースがあり、ホーム上の待合室は大きめでトイレ付きだった。
　廃止後の令和4（2022）年10月に待合室・ホームとも解体された。

浦臼駅

札沼線

うらうす

所在地　北海道樺戸郡浦臼町
開　業　1934.10.10
廃　止　2020.5.7

　浦臼町役場の最寄り駅。駅舎は平成9（1997）年12月に改築された「ふれあいステーション」という歯科診療所との合築駅舎。この駅を始発・終着とする列車もあった。廃止後も町営の歯科診療所として駅舎は利用されているが、ホームへの立ち入りは禁止された。

駅舎は歯科診療所との合築

駅舎内

ホームは片面。以前は対向式で側線もあった

旧駅舎。開業時の駅舎だが当初に比べ縮小されていた

札沼線
鶴沼駅

つるぬま

所在地　北海道樺戸郡浦臼町
開　業　1956.11.16
廃　止　2020.5.7

　周辺は基本的に田園地帯だが、少し離れた国道沿いには住宅も多く、飲食店や郵便局もあった。

　ホーム下に物置のようなトイレ付きの待合室があった。

　廃止後の令和4（2022）年10月ごろに待合室・ホームとも解体された。

札沼線
於札内駅

おさつない

所在地　北海道樺戸郡浦臼町
開　業　1959.12.1
廃　止　2020.5.7

　周囲は田園地帯で、わずかな民家が点在。駅には細い未舗装道路が通じていた。もと仮乗降場でホーム上の待合室には国鉄時代の駅名標が掲げられていた。

　廃止後の令和4（2022）年10月に待合室・ホームとも解体された。

札沼線
南下徳富駅

みなみしもとっぷ
所在地　北海道樺戸郡新十津川町
開　業　1956.11.16
廃　止　2020.5.7

　周囲は田園地帯で、わずかな民家が点在。まるで仮乗降場のような板張りホームの駅だが、当初から正駅として開業している。

　ホーム入口には写真のような木造の待合室があったが、平成24 (2012) 年に撤去され、晩年はホームのみの駅になっていた。

　廃止後の令和3 (2021) 年8月にホームが解体され、のちにレールも撤去された。

札沼線
下徳富駅

しもとっぷ
所在地　北海道樺戸郡新十津川町
開　業　1934.10.10
廃　止　2020.5.7

　周囲は田園地帯だが駅前に集落を形成し、少し離れた国道沿いにも住民は多かった。開業以来の駅舎があったが、窓口・手荷物口は板で塞がれていた。

　廃止後の令和3 (2021) 年9月に待合室・ホームとも解体された。

新十津川駅

札沼線

しんとつかわ

所在地　北海道樺戸郡新十津川町
開　業　1931.10.10
廃　止　2020.5.7

　札沼線の終点。新十津川町役場の最寄り駅で、高校や病院もある大きな市街地のなかにあった。「中徳富」として開業し、昭和28(1953)年11月に「新十津川」に改称した。平成9(1997)年4月に駅名の読みを「しんとつがわ」から「しんとつかわ」に改称している。

　駅舎は昭和61(1986)年3月の無人化後、一部が解体され開業当初に比べ半分ほどの大きさになった。

　当初は令和2(2020)年5月6日が最終営業の予定だったが、コロナの影響により前倒しされ、実際は4月24日が最終運行日だった。

　廃止後の令和3(2021)年7月に駅舎が解体された。

「しんとつがわ」当時の駅名標

中徳富駅

札沼線

なかとっぷ

所在地　北海道樺戸郡新十津川町
開　業　1956.11.16
廃　止　2006.3.18

　下徳富－新十津川間にあった駅。路線廃止の14年前に廃止された。

　駅前に1軒の民家があるほかは周囲は広大な田園地帯だった。

　廃止後は撤去され、現在は駅跡には何も残っていない。

ホーム上の待合室はその後撤去され、晩年はホームのみになった。

日高本線
汐見駅

しおみ
所在地　北海道勇払郡むかわ町
開　業　1959.12.18
廃　止　2021.4.1

　国道から外れた静かな場所にあった。駅付近に建物は無いが、200メートルほど離れた海岸沿いに集落がある。

　開業当初から無人駅でブロック積みの待合室があった。

　平成27（2015）年1月8日より列車の運行を休止。令和4（2022）年10月時点で待合室・ホームともに残る。

日高本線
富川駅

とみかわ
所在地　北海道沙流郡日高町
開　業　1913.10.1
廃　止　2021.4.1

　付近にスーパーや飲食店、ホテルもある規模の大きな集落にあった。駅舎は平成元（1989）年12月の改築。改築当初は駅舎内に売店があった。

　令和4（2022）年10月時点で閉鎖されながらも駅舎は残っている。

日高本線

日高門別駅

ひだかもんべつ
所在地　北海道沙流郡日高町
開　業　1924.9.6
廃　止　2021.4.1

　日高町役場の最寄り駅で、飲食店やコンビニもあるまとまった集落の真ん中にあった。駅舎は平成2（1990）年改築。駅舎内では地元の特産物が展示されていた。

　廃止後、住民の交流スペースとして改装され、令和4（2022）年6月に使用が開始された。

日高本線

豊郷駅

とよさと
所在地　北海道沙流郡日高町
開　業　1924.9.6
廃　止　2021.4.1

　国道沿いにあり、駅前は小さな集落になっていた。その周りには牧場が多い。昭和52（1977）年2月に無人化され、同年10月に簡易な駅舎に改築された。ホームからは遠巻きに海を見ることができた。

　令和4（2022）年10月時点では駅舎が残っている。

日高本線
清畠駅

きよはた
所在地　北海道沙流郡日高町
開　業　1924.9.6
廃　止　2021.4.1

　駅前に国道が走り、それに沿って小規模な集落が形成されている。駅は昭和52（1977）年2月に無人化され、同年に簡易な駅舎に改築された。海岸に近く、ホームからは海が見えた。

　令和3（2021）年10月時点では駅舎が残っている。

日高本線
厚賀駅

あつが
所在地　北海道沙流郡日高町
開　業　1924.9.6
廃　止　2021.4.1

　海岸に沿って集落が形成されている。郵便局や旅館、漁港もある立派な集落だ。

　駅はその集落の山側にあった。駅舎は平成元（1989）年改築で当初は内部に売店があった。

　令和4（2022）年3月時点では駅舎が残っている。

日高本線
大狩部駅

おおかりべ
所在地　北海道新冠郡新冠町
開業　　1958.7.15
廃止　　2021.4.1

　駅は海岸に面し、ホームから目の前に太平洋が見えるという全国屈指の風光明媚な駅だった。しかし、高波による路盤流失が起こった場所でもある。

　駅前のトンネルをくぐるとわずかな民家があるが、そこから2キロほど山側に入ったところが実際の大狩部の集落だ。

　令和4（2022）年10月時点でブロック積みの待合室は残っている。

日高本線
節婦駅

せっぷ
所在地　北海道新冠郡新冠町
開業　　1926.12.7
廃止　　2021.4.1

　海岸に沿って形成された郵便局や漁港のあるまとまった集落だ。駅は集落の北寄りにあった。駅舎は平成22（2010）年3月改築で、トイレと一体化していた。

　令和4（2022）年10月時点では駅舎が残り、公衆トイレとして利用されているようだ。

日高本線
新冠駅

にいかっぷ
所在地　北海道新冠郡新冠町
開　業　1926.12.7
廃　止　2021.4.1

廃駅

　新冠町役場の最寄り駅。飲食店や公共施設も多い市街地の中心部にあった。駅舎は平成11 (1999) 年12月改築で「出会いと憩いのセンター」という愛称。

　廃止後も多目的トイレのある公共施設として利用されている。

駅舎改築時にやや様似方に移転し、駅前広場が造られた

駅舎内。窓口や売店はない

ホームは片面

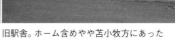

旧駅舎。ホーム含めやや苫小牧方にあった

静内駅

しずない

所在地　北海道日高郡新ひだか町
開　業　1926.12.7
廃　止　2021.4.1

　新ひだか町役場の最寄り駅で、ホテルや大型スーパーもある大きな市街地にあった。駅舎は平成13（2001）年2月改築。駅施設のほか観光案内施設が同居していた。

　廃止後もバスターミナルとして使用され、駅舎内にはソバ店も営業している。

駅舎内　改札口

ホームは対向式

旧駅舎　日高本線の中心的存在だった

東静内駅

　海岸に面した小規模な集落の山側に駅があった。木造駅舎から貨車駅を経て平成6（1994）年2月にブロック造りの駅舎に改築された。半分が待合室、半分がトイレになっている。

　廃止後も駅舎は公衆トイレとして残されている。

春立駅

　海岸に面した小規模な集落の山側に駅があった。

　駅舎は平成8（1996）年2月に改築されたもので、窓口は無いが待合スペースは広かった。隣にある身障者用トイレも駅舎と同時に設置された。

　令和4（2022）年10月時点で駅舎は残っている。

日高本線
日高東別駅

ひだかとうべつ
所在地　北海道日高郡新ひだか町
開業　1958.7.15
廃止　2021.4.1

　海岸から2キロほど山に入った場所にあった。駅前に数軒の民家があるほかは周辺は牧場と農地だ。開業時からの無人駅でブロック積みの待合室とトイレがあった。

　令和4（2022）年8月時点で駅は残っているが、閉鎖されホームには入れなくなっている。

日高本線
日高三石駅

ひだかみついし
所在地　北海道日高郡新ひだか町
開業　1933.12.15
廃止　2021.4.1

　旧三石郡三石町の中心で、海岸に沿いに形成された集落に郵便局や漁港があり、駅はその東の端にあった。

　駅舎は平成5（1993）年に改築された合築駅舎「ふれあいサテライト」で、当初は売店や観光案内所があったがその後撤退し、現在ではトイレとして存続している。

日高本線
蓬栄駅

ほうえい
所在地　北海道日高郡新ひだか町
開　業　1958.7.15
廃　止　2021.4.1

　海岸を離れた内陸部にあった。周辺を牧場と農地に囲まれ、農家が点在している。開業時からの無人で、トイレと一体となった待合室があった。

　廃止後、ホームへの立ち入りは禁止されたが、待合室はバスの利用客用として使用されている。

日高本線
本桐駅

ほんきり
所在地　北海道日高郡新ひだか町
開　業　1935.10.24
廃　止　2021.4.1

　海岸から離れた内陸部にあった。郵便局や飲食店のある中規模集落のなかの駅。駅舎は開業時のもので、日高線では残りわずかになった古くからの木造駅舎だった。ホームは島式で列車交換が行われていた。

　令和4（2022）年10月時点で駅舎は残っている。

荻伏駅

おぎふし

所在地　北海道浦河郡浦河町
開　業　1935.10.24
廃　止　2021.4.1

　海岸から離れた内陸部にあった。海岸付近まで約2キロ続く集落を線路は斜めに横断していた。国鉄末期に改築された貨車駅だが、内部にきっぷ売場があった。

　令和4（2022）年9月時点で貨車駅舎は撤去されず残っている。

絵笛駅

えふえ

所在地　北海道浦河郡浦河町
開　業　1958.7.15
廃　止　2021.4.1

　海岸から離れた内陸部にあった。周辺に集落は無く、牧場が点在していた。駅自体も牧場に囲まれホームからサラブレッドを眺めることができることで知られていた。

　令和4（2022）年10月時点でホームは立ち入り禁止になっているが、待合室は残っている。

日高本線

浦河駅

うらかわ
所在地　北海道浦河郡浦河町
開　業　1935.10.24
廃　止　2021.4.1

廃駅

　駅裏に浦河町役場があり、海岸沿いに市街が続いているが、町の中心部は1キロほど苫小牧寄りになる。市街地には飲食店や商店が多くあり、ホテルも複数ある。
　廃止後、跨線橋は老朽化のため立ち入り禁止となったが、駅舎と廃線跡を利用した観光客誘致の計画がある。

日高本線

東町駅

ひがしちょう
所在地　北海道浦河郡浦河町
開　業　1977.9.1
廃　止　2021.4.1

廃駅

　浦河の市街地の東端にあたる。周辺に住宅が多く、近くに病院や高校もある。
　駅は高校への通学生のため仮乗降場として設置された。待合室は平成12（2000）年ごろに改築された2代目。

　令和4（2022）年10月時点で待合室が残り、中に入ることもできた。ホームは列車の運行休止後に傷みが進み、早い段階で立ち入り禁止になっている。

日高本線
日高幌別駅

ひだかほろべつ
所在地　北海道浦河郡浦河町
開　業　1937.8.10
廃　止　2021.4.1

　海沿いに形成された集落で、コンビニや飲食店もある。駅はそのなかでいちばん海岸寄りにある。駅舎は昭和53（1978）年ごろに改築された合築駅舎で、レストラン、郵便局、土産物店と一体となっている。
　廃止後も駅舎は残り、廃線跡の利用が模索されている。

日高本線
鵜苫駅

うとま
所在地　北海道様似郡様似町
開　業　1937.8.10
廃　止　2021.4.1

　海岸に沿って約1.5キロにわたって形成された集落の東の端に駅はあった。駅舎は昭和62（1987）年に改築された貨車駅舎。図柄はのちに描き変えられた。
　令和4（2022）年10月時点で駅舎は残っているが、傷みがひどくなっている。

西様似駅
日高本線

　海岸から内陸に向けて500メートルにわたって集落を形成、駅はそのいちばん奥にある。駅舎は国鉄末期ごろに改築された貨車駅舎。図柄はのちに描き変えられた。
　令和4（2022）年10月時点で駅舎は残っているが、傷みがひどくなっている。

様似駅
日高本線

　日高本線の終点。様似町役場の最寄り駅で、大きな市街地にスーパーや飲食店がある。
　駅舎は昭和52（1977）年改築。半分は駅施設、もう半分は観光案内所を兼ねた土産物店になっていた。
　駅施設は町が譲渡を受け、再活用を検討している。

石勝線夕張支線
沼ノ沢駅

ぬまのさわ
所在地　北海道夕張市
開　業　1905.11.15
廃　止　2019.4.1

廃駅

　駅舎は昭和38（1963）年10月改築。駅舎内で営業していた「レストラン・おーやま」は、駅の廃止後も1年間ほどは営業を続けていた。駅前は整然と区画整理された住宅地になっていた。

　令和4（2022）年10月時点で駅舎は残っている。

石勝線夕張支線
南清水沢駅

みなみしみずさわ
所在地　北海道夕張市
開　業　1962.12.25
廃　止　2019.4.1

廃駅

　比較的開業が新しい駅で駅舎は開業時のもの。駅前広場はなくすぐ国道に面していた。スーパーやホテルもあるまとまった集落の中心に駅はあった。

　廃止から1年たった令和2（2020）年4月に駅舎を使用してそば店が開業している。

石勝線夕張支線

清水沢駅

しみずさわ

所在地　北海道夕張市
開　業　1897.2.16
廃　止　2019.4.1

　駅舎は昭和31（1956）年10月改築。かつては大夕張鉄道が分岐し貨車の入れ換えを行っていたため構内は広かった。まとまった集落の中心に駅はあり、駅前には商店が並んでいた。

　令和4（2022）年12月に駅舎は解体された。

石勝線夕張支線

鹿ノ谷駅

しかのたに

所在地　北海道夕張市
開　業　1901.12.1
廃　止　2019.4.1

　夕張市役所付近から細長く続く集落のほぼ中間点にあたる。かつては夕張鉄道の接続駅だっただけに大きな駅舎だが、これでも石炭産業が全盛期だったころに比べると一部が解体され小さくなっていた。

　令和4（2022）年10月時点で駅舎は残っている。

石勝線夕張支線
夕張駅

ゆうばり
所在地　北海道夕張市
開　業　1892.11.1
廃　止　2019.4.1

廃駅

　平成2(1990)年12月に観光客誘致を目的にリゾートホテルとスキー場に直結する現在地に移転した。当初はきっぷを売っていたが、平成21(2009)年7月にレストランに改装された。その後、業者が変わって喫茶店になり、廃止後の現在も営業を続けている。

駅舎内　喫茶店への入口もある

ホームは片面で、改札から約50メートル離れていた

駅前のホテル「マウントレースイ」はコロナの影響でいったん閉鎖となったが、引き継ぐ会社が見つかり令和5(2023)年12月に再開する予定になっている

初代駅舎。現在の駅の2.1キロ北にあった。移転後は「石炭の歴史村」の事務所になっていたが、道道の工事の支障となるため平成18(2006)年10月に解体された

みなみぴっぷ
所在地　北海道上川郡比布町
開　業　1955.12.2
廃　止　2021.3.13

　周辺は田園地帯で民家が点在している。駅は片面ホームの無人駅で、平成26 (2014) 年12月に改築された小さな待合室があった。駅前の国道から駅を俯瞰することができた。

　廃止後、数か月で待合室・ホームとも撤去された。

きたぴっぷ
所在地　北海道上川郡比布町
開　業　1955.12.2
廃　止　2021.3.13

　広大な田園地帯の真ん中にあり、民家が点在している。駅は片面ホームの無人駅で、待合室は南比布駅と同時期に改築された。運行されている列車のうち3分の2ほどはこの駅を通過していた。

　廃止後、数か月で待合室・ホームとも撤去された。

宗谷本線
東六線駅

ひがしろくせん
所在地　北海道上川郡剣淵町
開　業　1956.1
廃　止　2021.3.13

　広大な田園地帯の真ん中にポツンとあるという感じ
で、周辺の民家はわずかしかなかった。
　仮乗降場として開業し、民営化時に正駅に昇格した
が、晩年まで見た目は仮乗降場のようだった。
　令和3（2021）年内に待合室・ホームとも解体された。

宗谷本線
北剣淵駅

きたけんぶち
所在地　北海道上川郡剣淵町
開　業　1959.11.1
廃　止　2021.3.13

　東六線駅と同じように広大な田園地帯の真ん中にあっ
た が、民家はさらに少なかった。
　仮乗降場として開業、木造のかなりくたびれた待合室
がホームから結構離れた場所にあった。
　令和3（2021）年内に待合室・ホームとも解体された。

宗谷本線
下士別駅

しもしべつ
所在地　北海道士別市
開　業　1955.12.2
廃　止　2021.3.13

　名寄盆地の広大な田園地帯の真ん中にあり、周囲には民家が点在していた。仮乗降場として開業した4年後に正駅に昇格している。もと仮乗降場にしては待合室・ホームとも比較的立派な造りだった。

　令和3（2021）年内に待合室・ホームとも解体された。

宗谷本線
東風連駅

ひがしふうれん
所在地　北海道名寄市
開　業　1956.9.20
廃　止　2022.3.12

　広大な田園地帯の真ん中にあり、周囲には民家がまばら。待合室は小さなプレハブだった。通学生の便を図るため1.5キロ北に移転し駅名を「名寄高校」に改称した。

　令和4（2022）年10月時点で待合室は撤去されたがホームは残っている。

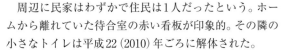

宗谷本線
北星駅

ほくせい
所在地　北海道名寄市
開　業　1956.7.1
廃　止　2021.3.13

　周辺に民家はわずかで住民は1人だったという。ホームから離れていた待合室の赤い看板が印象的。その隣の小さなトイレは平成22（2010）年ごろに解体された。
　廃止後、令和3（2021）年8月にホームが、11月に待合室が解体された。

宗谷本線
南美深駅

みなみびふか
所在地　北海道中川郡美深町
開　業　1956.7.1
廃　止　2021.3.13

　周辺に民家が点在しているが、大半は田畑が占めていた。仮乗降場として開業した3年後に正駅に昇格した。待合室は地元住人の手により造られたというが、ホームから離れているうえにホームに背を向けていた。
　令和3（2021）年内に待合室・ホームとも撤去された。

紋穂内駅

宗谷本線

もんぽない

所在地	北海道中川郡美深町
開 業	1911.11.3
廃 止	2021.3.13

　かつては駅前に集落があったというがすでに消滅。駅から離れたところに広範囲にわたって民家が点在していた。国鉄末期に北海道で最初に登場した貨車駅舎だ。

　廃止4か月後の令和3 (2021) 年7月に駅舎は撤去され、ホームも崩された。

豊清水駅

宗谷本線

とよしみず

所在地	北海道中川郡美深町
開 業	1946.10.10
廃 止	2021.3.13

　周辺は農地として開拓され集落を形成していたというが、晩年はほぼ無人地帯となっていた。

　まるで民家のような雰囲気の駅舎は保線職員の詰所だった。

　廃止後は信号場になり、駅舎は残っているが石積みのしっかりとしていたホームは撤去された。

宗谷本線
歌内駅

うたない

所在地　北海道中川郡中川町
開　業　1923.11.10
廃　止　2022.3.12

　駅前に民家が点在しているほかには周囲に民家はほとんど見当たらない。とくに駅の背後は森林地帯であるため民家は全く無い。

　廃止から半年後の令和4 (2022) 年9月に貨車駅舎は撤去された。

宗谷本線
安牛駅

やすうし

所在地　北海道天塩郡幌延町
開　業　1925.7.20
廃　止　2021.3.13

　駅前に民家はなく、周辺にも住民はわずかだった。かつてはこの地で取れる農産物を駅から運び出しており、周辺に商店などがありにぎわっていたという。

　廃止後に貨車駅舎は駅前広場に移動された。中にも入ることができる。

宗谷本線
上幌延駅

かみほろのべ
所在地　北海道天塩郡幌延町
開　業　1925.7.20
廃　止　2021.3.13

　駅前に立派な道道が通るひらけた場所にあり、周辺は主に牧草地で民家はわずかしかなかった。国鉄末期に木造駅舎から貨車駅舎に改築された。

　令和4（2022）年10月時点で貨車駅舎は残り、中に入ることもできる。

宗谷本線
徳満駅

とくみつ
所在地　北海道天塩郡豊富町
開　業　1926.9.25
廃　止　2021.3.13

　駅前に立派な国道があり、その周辺に数軒の民家が点在していた。駅裏は牧草地で民家はほぼ無い。駅舎は平成12（2000）年7月に改築されたプレハブだった。

　廃止後、ほどなくして駅舎は撤去され、ホームも切り崩された。

石北本線
北日ノ出駅

きたひので
所在地　北海道旭川市
開　業　1960.5.2
廃　止　2021.3.13

　駅の南側は工業団地だったが駅の利用客は少なかった。実は旭山動物園の最寄り駅。写真では「北日の出」になっているが、のちに「北日ノ出」に書き換えられた。
　廃止から3か月後の令和3（2021）年6月にホームが撤去されたが、駅舎は10月ごろまでは残っていた。

石北本線
将軍山駅

しょうぐんざん
所在地　北海道上川郡当麻町
開　業　1960.5.2
廃　止　2021.3.13

　広大な田園地帯の中にあり、周辺には民家が点在。ホームの正面に駅名の由来となった小さな山「将軍山」があった。
　仮乗降場として開業し、民営化時に正駅に昇格。ブロック積みの待合室の中にはソ

ファが置かれていた。
　廃止から3か月後の令和3（2021）年6月にホームが撤去されたが、駅舎は10月ごろまでは残っていた。

石北本線
東雲駅

とううん
所在地　北海道上川郡上川町
開　業　1960.5.2
廃　止　2021.3.13

　田園地帯にあり付近に民家はわずかしかなかった。ただし駅前の国道は通行量が多かった。仮乗降場として開業、ブロック積みの待合室があったが平成25（2013）年ごろにプレハブの小さなものに置き換えられた。

　廃止後の令和3（2021）年6月にホームが撤去された。

石北本線
生野駅

いくの
所在地　北海道紋別郡遠軽町
開　業　1946.12.1
廃　止　2021.3.13

　山間のわずかに開けた田園地帯にあり、周辺の民家はわずかだった。待合室代わりの黄色いマイクロバスは傷みが激しくなり、平成19（2007）年6月ごろに撤去された。

　廃止後の令和3（2021）年6月にホームが撤去され、跡地に石碑が建立された。

釧網本線

南弟子屈駅

みなみてしかが

所在地　北海道川上郡弟子屈町
開　業　1929.8.15
廃　止　2020.3.14

　駅前に民家や会社建物、国道沿いには商店やガソリンスタンドなどがあるが住民は少なかった。国鉄末期に改築された貨車駅でデザインは何度か描き変えられている。

　廃止後、ホームは削られたが、駅舎は郷土資料として摩周観光文化センターへ移設されている。

釧網本線

南斜里駅

みなみしゃり

所在地　北海道斜里郡斜里町
開　業　1962.10.1
廃　止　2021.3.13

　斜里平野の広大な農地の真ん中にあった。待合室は老朽化のため撤去されホームのみの駅になっていた。周辺に民家はわずかで、以前はコンビニがやバス路線もあったが、いずれも撤退していた。

　廃止後の令和3（2021）年8月にホームが解体された。

根室本線
直別駅

ちょくべつ
所在地　北海道釧路市
開　業　1907.10.25
廃　止　2019.3.16

廃駅

　駅付近は農地として整地され山側に数軒の民家があった。駅舎は平成15（2003）年9月の十勝沖地震で被害を受けたため、平成15（2003）年12月に改築されたもの。
　廃止後は信号場となったが駅舎は残り、駅の歴史についての案内板が設置されている。

根室本線
尺別駅

しゃくべつ
所在地　北海道釧路市
開　業　1920.4.1
廃　止　2019.3.16

廃駅

　付近に民家はわずかで原野の中といった感じ。かつては炭鉱で栄え、尺別炭山まで炭鉱鉄道が分岐していた。片流れ屋根の駅舎は、晩年に右端の一部が解体された。
　廃止後は信号場となってホームが削られたが、駅舎は残り駅の歴史についての案内板が設置されている。

根室本線
古瀬駅

ふるせ
所在地　北海道白糠郡白糠町
開　業　1954.7.1
廃　止　2020.3.14

　国道から外れた未舗装の林道沿いにあり周辺にはわずかな農家しかなかった。信号場として開業したが、当初より旅客扱いはしていたようだ。

　廃止後は再び信号場となってホームが撤去された。駅建物は残り、駅についての案内板が設置されている。

根室本線
糸魚沢駅

いといざわ
所在地　北海道厚岸郡厚岸町
開　業　1919.11.25
廃　止　2022.3.12

　駅前に国道が走り小規模な市街地が形成されていた。駅裏は海岸まで原野が続き民家は全く無い。駅舎は平成27 (2015) 年1月末に改築されたたいへん簡素なもの。

　令和4 (2022) 年10月時点で駅舎は残っているが、ホームは削られている。

根室本線
初田牛駅

はったうし
所在地　北海道根室市
開　業　1920.11.10
廃　止　2019.3.16

　周辺にはわずかな農家があるだけで、人口はたいへん少なかった。駅舎は昭和52（1977）年10月に改築されたたいへん簡易なもの。

　廃止後、駅舎は解体され、跡地に駅の沿革などが記されたモニュメントが設置された。

函館本線
伊納駅

いのう
所在地　北海道旭川市
開　業　1898.7.16
廃　止　2021.3.13

　近くの高校への通学生の利用が多くあり貨車駅舎も2両置かれていた。しかし高校が平成23（2011）年3月末で閉校して利用者が激減し貨車駅舎も1両が撤去された。

　廃止後、令和3（2021）年10月までに残った貨車駅舎とホーム・跨線橋が解体された。

函館本線
石谷駅

いしや
所在地　北海道茅部郡森町
開　業　1930.3.20
廃　止　2022.3.12

廃駅

　駅前に国道があり、近くに漁港がある。線路と国道に挟まれたわずかな土地に約2キロにわたって民家が1列に並んでいた。

　廃止後は信号場となった。駅舎は閉鎖されつつも残っていたが、令和4(2022)年10月に解体された。

函館本線
本石倉駅

ほんいしくら
所在地　北海道茅部郡森町
開　業　1944.9.10
廃　止　2022.3.12

廃駅

　築堤上にホームがあり駅舎は無かった。駅前に国道があり海が近かった。線路と海岸との間の狭い土地に民家が密集していた。

　廃止後、ホームへの立ち入りは禁止となり、令和4(2022)年10月ごろにホーム上の待合室が撤去された。

函館本線
池田園駅

いけだえん
所在地　北海道亀田郡七飯町
開　業　1929.1.5
廃　止　2022.3.12

　駅前に民家が点在。国定公園の大沼が近く背後には駒ケ岳がそびえる。周辺は樹木が多い美しい土地。駅裏に人気のレストランがあったが、鉄道客の利用はほとんどなかったようだ。駅舎は昭和55（1980）年3月改築。

　廃止後の令和4（2022）年10月に駅舎が解体された。

函館本線
流山温泉駅

ながれやまおんせん
所在地　北海道亀田郡七飯町
開　業　2002.4.27
廃　止　2022.3.12

　日帰り温泉施設の完成と同時にそのアクセス駅として開業。しかし施設は年々利用客が減って経営不振となり平成27（2015）年2月末に一部の施設を残して閉園した。

　廃止後は駅に近づくことは難しいようだが、ホームは撤去されたらしい。

函館本線
銚子口駅

ちょうしぐち
所在地　北海道亀田郡七飯町
開　業　1945.6.1
廃　止　2022.3.12

　大沼国定公園の一部である大沼の北東の端にあり、駅の周辺に民家は10件ほど。駒ケ岳の登山口でもあった。駅舎は昭和63（1988）年3月改築。

　廃止後は信号場となり、令和4（2022）年9月までにホームは削られたが駅舎は残っている。

奥羽本線
赤岩駅

あかいわ
所在地　福島県福島市
開　業　1899.5.15
廃　止　2021.3.12

　たいへん山深い場所にあり、駅周辺の集落は住人がいなくなるなど駅の利用客が0人になったため、平成24（2012）年12月からは冬季休止、平成29（2017）年3月からは通年休止駅となり廃止に至った。

　令和4（2022）年10月にホームが撤去された。

北上線
矢美津駅

やびつ
所在地　秋田県横手市
開業　1963.7.15
廃止　2022.3.12

　駅前に民家はわずかだが少し離れると数十軒の民家やコンビニ・飲食店もあるなど駅勢人口は多かった。にもかかわらず利用客はたいへん少なく、平成28（2016）年12月以降、冬季期間全列車通過となった。

　令和4（2022）年10月にホームなどすべて撤去された。

北上線
平石駅

ひらいし
所在地　秋田県横手市
開業　1963.7.15
廃止　2022.3.12

　周辺に民家はわずかだが、少し離れた国道沿いの「道の駅さんない」はマイカー客でにぎわっている。矢美津駅と同様、利用客僅少として平成28（2016）年12月から冬季間は全列車通過となった。

　令和4（2022）年9月にホーム・待合室が撤去された。

ヤナバスキー場前駅

大糸線

やなばすきーじょうまえ

所在地　長野県大町市
開業　1985.12.24
廃止　2019.3.16

　スキー場に直結し冬季のみ営業する臨時駅だった。平成28(2016)年度にスキー場が休業したため全列車通過となり、再開の見込みがないことから廃止となった。

　廃止後、令和元(2019)年11月にホームが撤去され、令和2(2020)年7月に駅舎が解体された。

池の浦シーサイド駅

参宮線

いけのうらしーさいど

所在地　三重県伊勢市
開業　1989.7.16
廃止　2020.3.14

　海水浴客のための臨時駅として開業。潮干狩りもできたため当初はゴールデンウィークにも営業していたが、年々利用者は減り続け晩年は年に4日しか営業しなかった。平成30(2018)年度から休止、その後廃止された。

　令和4(2022)年7月時点でホームは残っている。

敦賀港駅

つるがみなと

所在地　福井県敦賀市
開　業　1882.3.10
廃　止　2019.4.1

廃駅

北陸本線・敦賀駅から分岐する2.7キロの貨物線の終着駅。広大な貨物ヤードの一角に駅舎がある。ごくたまに行われるイベント時に臨時列車が運行され乗車することができた。

平成21（2009）年3月末を最後に列車の運行は無くなり「敦賀港オフレールステーション」となった。鉄道駅としての廃止は令和元（2019）年4月1日になる。廃止後も駅舎は残り、ランプ小屋の見学もできる。

敦賀港駅構内

平成11（1999）年夏に運行された「SL敦賀きらめき号」

明治15（1882）年11月竣工のランプ小屋

Index

著者プロフィール

西崎 さいき（にしざき さいき）

1965年岡山県生まれ。1981年、高校入学祝いに祖父にカメラを買ってもらったのを機に駅舎撮影をはじめる。国鉄赤字路線の廃止予定駅を中心に撮影をすすめ、2006年6月、函館本線・蕨岱駅にてJR全駅訪問達成。サイト「さいきの駅舎訪問」運営。各メディアに駅舎画像提供多数。おもな著書に『珍駅巡礼』『失われた国鉄・JR駅』『利用者0人駅』（イカロス出版）などがある。

さいきの駅舎訪問

http://ekisya.net/

駅鉄マニア御用達！ 今しか撮れない!?
廃駅＆廃駅危惧駅 撮影ガイドつき

| 発行日 | 2023年 2月24日 | 第1版第1刷 |

著　者　　西崎　さいき

発行者　　斉藤　和邦
発行所　　株式会社　秀和システム
　　　　　〒135-0016
　　　　　東京都江東区東陽2-4-2　新宮ビル2F
　　　　　Tel 03-6264-3105（販売）Fax 03-6264-3094
印刷所　　三松堂印刷株式会社　　　　Printed in Japan

ISBN978-4-7980-6896-1 C0565